敦煌：莫高窟奇幻之旅

潘亮 著

海峡出版发行集团 | 福建科学技术出版社

人物介绍

肖小笑
称号： 时空少年
年龄： 10 岁
特点： 热爱探险，是一名"时空穿越者"，能够通过梦境进入华夏秘境，他只要双指画圈，就能前往不同时空。

范弥胡
称号： 科技男孩
年龄： 10 岁
特点： 热爱科技，尤其是人工智能科技，能利用智能眼镜和平板电脑完成各种任务。

田田
称号： 文艺女孩
年龄： 10 岁
特点： 有着过目不忘的本领，对文学、艺术、历史等领域非常着迷，经常与范弥胡拌嘴。

三足乌

来自华夏星球的鸟王,它的时空口袋里藏着许多外星的高科技装备。"本陛下"这个词是三足乌发明的,自尊心极强的它,常常用"本陛下"来称呼自己。虽然它有时会丢下队友逃跑,但它一旦发威变成金乌,就会拥有无穷的力量。

时空蚩尤

华夏秘境的入侵者和破坏者,来自九黎星球。全身黑不溜秋,个头很小,平时藏在食铁兽的身上。要是变身为巨人蚩尤,那可就够你受的啦!

食铁兽

时空蚩尤的坐骑兼爱宠,外表是一只可爱的大熊猫。它特别贪吃,总是吃个不停。

莫天天

敦煌秘境家族中的年轻一员,他跟着父亲学会了用七彩星云灯修复莫高窟中的壁画。他在修复的过程中,总是怀着敬畏之心,深知自己肩负守护千年壁画的责任。

嚯,你也要加入秘境探险队?这太好了!

我是肖小笑,在我们的探险旅程开始之前,作为队长,我有必要跟你先聊聊什么是华夏秘境!

在咱们广阔的中华大地上,出现过许多灿烂而神秘的文明——奇异独特的三星堆、举世瞩目的秦始皇陵、光怪陆离的敦煌古城、辉煌一时的楼兰古国……它们随着历史的变迁,许多都被湮没在历史的长河中,留下了太多太多的谜团,等着我们去解开。

我相信,这些神秘的文明并没有完全消失,它们以"华夏秘境"的形式,被保存在宇宙的某个维度里,与我们生活的世界平行存在。就像一个个时空泡泡,零星分布在中华大地上。在华夏秘境里,古老的文明延续了下来,散发着独特而神奇的魅力。

　　这场奇异的秘境旅程会持续十二个时辰，也就是二十四小时。你不光会经历曲折刺激的探险，还有一项特别的任务等着你——担任小小考古学家，对我们寻找到的宝贝文物进行研究，探寻它们的秘密。

　　这场旅程也注定充满艰险。时空蚩尤这个秘境破坏者随时都会带来新的危机，你需要具备丰富的历史人文知识、自然科学素养及野外生存能力，才能突破重重考验。别担心，有了三足乌的帮助，一切困难都会迎刃而解。当然，也有可能会变得更糟。

　　脑中是知识，心中是使命。摸摸你的胸口，那里的勇气是否已经充足？现在，你是不是无比激动？那就跟我们一起开始秘境探险之旅吧！

目录

秘境卯时（5:00—7:00） /1
七彩星云灯

秘境辰时（7:00—9:00） /11
奇怪的梦

秘境巳时（9:00—11:00） /23
惊险热气球

秘境午时（11:00—13:00） /35
消失的壁画

秘境未时（13:00—15:00） /49
被困敦煌的张骞

秘境申时（15:00—17:00） /61
寻找敦煌第一窟

秘境酉时（17:00—19:00）
乐尊和尚 /75

秘境戌时（19:00—21:00）
保卫敦煌 /89

秘境亥时（21:00—23:00）
万国博览会 /101

秘境子时（23:00—1:00）
榆林窟的奇遇 /117

秘境丑时（1:00—3:00）
敦煌古城求医记 /133

秘境寅时（3:00—5:00）
藏经洞的秘密 /149

七彩星云灯

那一团七彩的火焰，仿佛浓缩的宇宙星云，在黑暗中熠熠生辉。

光芒撕破黑暗，照亮了一双水汪汪的眼睛，也照亮了一面岩壁。岩壁上的图案赫然映在那双瞳仁里——是一幅古老的壁画。

"真漂亮！"

莫天天开心地叫了起来。不知是在说七彩火焰，还是在说壁画。

黑暗中，莫天天的背后传来一个慈祥的声音。

"对，就这样做。举着这盏七彩星云灯，靠近岩壁，照亮每一个角落。"

"好的，爸爸！"莫天天点点头，他按照爸爸的吩咐，奋力举起七彩星云灯，缓慢地、仔仔细细地拂过岩壁的每一处。

七彩星云灯发出彩虹一般的光芒，映衬着岩壁上的壁画。壁画看起来年代久远，已经完全褪色，有的彩绘不仅褪色，还出现了起翘、脱落的情况。然而，七彩星云灯仿佛具有魔力。随着一道闪烁的辉光泛起，壁画恢复了鲜亮的色彩，就像刚画上去时一样，油光闪亮，鲜艳如初。

莫天天照完了一面岩壁，又去照另一面。这是一个石窟，四壁都绘满了壁画，就连窟顶上也是。莫天天个头矮，够不到窟顶，爸爸就将他托起来，父子合力完成任务。

"焕然一新喽！"

莫天天又一次开心地叫起来。

父子俩满意地环顾这个石窟，仿佛那些壁画是他们亲手绘制的杰作。

"爸爸，那是什么？"

莫天天指着壁画上的一个红色圆圈说。在红圈里面，有一只黑色的鸟，它张开双翼，凤凰一般的尾巴高高扬起，高傲威严，看上去神圣而不可侵犯。奇怪的是，这只鸟竟然长着三条腿！

"这是三足金乌——它是太阳的化身，也是我们敦煌的守护神。"

"金乌？"莫天天想不明白，"可它是黑色的呀！"

爸爸从莫天天手中接过七彩星云灯，照耀三足金乌。它的周围环绕着许多婀娜多姿的仙女，她们飞在天空中翩翩起舞，一个个彩衣飘飘，风姿绰约。突然，一道道细微的光线从仙女身上发出，注入画上的三足金乌。霎时，原本黑色的三足金乌金光闪耀。

"飞天仙女采集的宇宙能量，让三足金乌威力无穷。"爸爸说完就对着三足金乌的画像施礼。

莫天天也学着爸爸的样子，对三足金乌施了个礼。然

后，父子一起走出石窟。

天就要亮了，天边泛起粉色的霞光。这是一道断崖，莫天天和爸爸站在高处眺望远方。

"爸爸，这是最后一个洞窟啦！"莫天天兴奋地说，"我们花了整整两年的时间，修复了所有的洞窟！"

"两年零五天。"爸爸感慨万千，"转眼间，你已经九岁了！"

莫天天掰着手指算了一会儿。

"对，这里共有735个洞窟，我们每天修复一个洞窟，用了两年零五天的时间，才修复了所有的洞窟，让它们焕然一新啦！"

"不错！"爸爸点点头，赞许地说，"735个洞窟，几乎每个洞窟里都绘满了壁画。等你长大以后，就要独自修复洞窟了。这是我们家族的使命，记住了吗？"

"记住了！"莫天天先用力点了点头，随后又用疑惑的眼神抬头望着爸爸，"可是，可是……"

爸爸看出了莫天天的困惑，抚摸着他的小脑袋，压低声音讲了起来。

"我们生活的世界叫敦煌秘境，这些洞窟是莫高窟。我们家族世世代代都是敦煌秘境的守护者。自古以来，我们驱赶了数不清的侵略者和掠夺者，那些英雄的故事，就记录在莫高窟的壁画上。两年多的修复过程中，我已经跟你讲了很多很多。然而……"

爸爸把目光投向远方，火红的太阳正冉冉升起，照亮了世界。目光所及处是连绵起伏的沙漠，黄澄澄、金灿灿，像是铺在大地上的金黄色绸缎，层层叠叠，与一尘不染的蓝天交相辉映。

"莫高窟地处敦煌，被沙漠包围。在沙漠的深处，潜藏着一种可怕的病毒，名叫变色瘟疫。沙漠中的强风经常会吹起沙暴，沙暴会带着变色瘟疫席卷莫高窟，让洞窟里的壁画褪色、脱落，直至完全消失。

变色瘟疫不光吞噬壁画，也吞噬着周围的一切。整个敦煌秘境都受到了变色瘟疫的侵害，包括我们自己。"

"好可怕的变色瘟疫！那该怎么办呢？"莫天天着急地问。

"我们有七彩星云灯。"爸爸微笑着说，"七彩星云灯能发出七彩火焰。经过它的照耀，莫高窟中受损的壁画就能恢复鲜艳的色彩。"

"七彩星云灯太厉害了！"莫天天兴奋地说。忽然，他又意识到了一个严重的问题，紧张地问道："如果七彩星云灯熄灭了，我们该怎么办？"

爸爸没有回答，他的眼睛死死地盯着远方，脸上神情严肃。只见远处腾起了一团巨大的黑色烟云，遮天蔽日，刚刚升起的太阳快要被它吞没。要下雨了吗？不，在这干旱的沙漠地区，一年四季都降雨稀少，怎么会是要下雨呢？莫天天眯起眼睛仔细地看了看，顿时慌了神。

"是沙暴！"莫天天大叫起来。

爸爸的脸色越来越凝重。他阅历丰富，却也从没见过这么大的沙暴。

"快躲到避难所去！"爸爸的大吼仿佛一声炸雷。他拉着莫天天沿着断崖狂奔。然而，沙暴跑得更快。转眼间，狂风大作，裹挟着沙粒而至。那些看似微小的沙粒似乎成了一颗颗威力巨大的子弹，打在脸上生疼。

幸好，莫天天和爸爸及时赶到了避难所——一处石窟的深处，他们一起坐在石壁后喘息。外面狂风怒吼，就像一群野兽咆哮着奔驰而过。

"这么大的沙暴会带来多么严重的变色瘟疫，给莫高窟造成多大的破坏呀？"莫天天担心地说，"过去这两年零五天，我们不就是白白忙活了！"

然而，爸爸却没有回答。他怀里抱着的那盏七彩星云灯正忽明忽暗，光亮越来越微弱。随着一股强劲的气流直灌洞窟，七彩星云灯最终熄灭了。

"七彩星云灯熄灭了！"莫天天惶恐地惊叫起来。

借着从洞口透出的一丝微弱光线，莫天天看见岩壁上的壁画正在一点点褪色，最终像是融化在空气里一样，消失了。

"爸爸，壁画消失了！"

莫天天扭头望向爸爸，让他更惶恐的一幕发生了。

爸爸的身体竟然也在褪色，逐渐变得透明。莫天天不知所措，他扑过去想要抱住爸爸的身体，却扑了个空。七彩星云灯骨碌碌地滚落在地，周围回荡着爸爸最后的声音：

"莫天天，去求助守护神三足金乌，只有它才能重新点亮七彩星云灯，拯救敦煌秘境……"

小小考古学家

日轮中的三足乌

文物位置： 莫高窟第35窟

文物时代： 五代

文物介绍： 一轮红日，中央有一只黑色的三足乌鸦，代表着太阳，这是中国传统的日轮形象。其中的三足乌振翅欲飞，长尾华丽，气宇轩昂。

专家的考古猜想： 敦煌石窟有一百多个洞窟绘有"日月神"图像，其中多数为中国传统的日轮、月轮的形象。三足乌每日驮着太阳从东方起飞，在西方落下。这大概是古人对昼夜交替现象的解释。

肖小笑的考古猜想： 三足乌多么像太阳表面的黑子！我猜，古人最初观测到太阳黑子活动时，无法做出科学解释，便认为红日中有一只黑色的鸟吧。

我的考古猜想： _____

_____

秘境辰时（7:00—9:00）

奇怪的梦

"等等我，等等我！"

肖小笑背着鼓鼓囊囊的探险背包，一路奔向学校的停车场。不远处，一辆深黄色的校车刚刚关闭车门，马上准备出发了！

"糟糕，我迟到了！"

今天，乐城中心小学组织了一场郊游活动——去郊外体验热气球。肖小笑早就盼着这一天的到来啦！热气球，那是一种非常古老的飞行器。在飞机被发明出来之前，热气球一直承载着人类飞行的梦想。直到今天，世界各地依然有许多热气球爱好者，他们会定期举行各种热气球飞行活动。

班主任石老师此前一直在强调："校车将在早晨8时准时出发，一定不要迟到。"

可偏偏就在今天，肖小笑竟然睡了个大懒觉，五遍闹铃都没能把他叫醒。等到肖小笑迷迷糊糊地睁开眼睛，这才发现大事不妙。他匆忙套上衣服，拔腿就往学校跑。

肖小笑沿着人行道一路狂奔，边跑边手舞足蹈，想要吸引司机的注意，好让他上车。附近的行人奇怪地看着这个没系鞋带、把衣服穿反的孩子。

也不知校车司机是真没看见他，还是故意要惩罚他，只见校车缓慢起步，在车道上不紧不慢地开着。拐了个弯之后，校车驶上了主道，开始提速。肖小笑被远远地甩开了。

"真倒霉，非得逼我使绝技！"

肖小笑叹息一声，找了个无人的角落，伸出右手的食指和中指，并拢在一起，在半空中画了一个圆圈。顿时，空气中出现了一团闪烁的荧光。

说来你可能不信，肖小笑是个"时空穿越者"，他具备穿越不同时空的能力，这项绝技名叫"画时空圈"。只要肖小笑在脑中想着要前往的地方，同时画出时空圈，就能在瞬间穿越抵达。

画时空圈的关键之处是一定要画得足够圆。这听起来容易，做起来可太难了。你想，人的手指又不是圆规，谁能准确无误地徒手画一个标准的圆呢？肖小笑刚开始练这门绝技的时候，画一百次也未必能成功一次，累得他手臂酸麻，痛苦不堪。后来肖小笑领悟到了窍门，经过刻苦练习，画圈的本领越来越高。今天竟然只画了一次就成功了，他又惊又喜！

"成功了！"

转眼间，那团荧光将肖小笑笼罩，继而他在一片闪光中消失了。正在路边啃骨头的一只金毛狗见到此情此景瞪大了眼睛，吃惊得连骨头都掉在了地上。

此时此刻，石老师正站在校车车厢前部的过道上，举着一张名单点名。

"范弥胡。"

"到!"

"田田。"

"到!"

"肖小笑。"

……

"肖小笑呢?"石老师的视线越过名单上方,扫视整个车厢。

"到!"

随着一团荧光闪烁,肖小笑成功穿越到了车厢最后一排的座位上。他刚好听到石老师在叫自己的名字,就赶紧应答。石老师还以为刚才那几声是肖小笑没听清,就点了点头,继续点名。

在肖小笑座位旁边,一个梳着马尾辫的女生惊喜地叫道:"肖小笑,你终于来了,我们还以为你赶不上校车了!"

"我睡过头了……"肖小笑不好意思地回答。

"我猜,你并不是睡过了头,是又进入梦境世界了,对不对?"女生凑近肖小笑,压低声音说。

肖小笑有两个铁杆搭档,"科技男孩"范弥胡和"文艺女孩"田田。"肖小笑是时空穿越者"的秘密,只有他们俩

知道。这次热气球活动，他们三个也将组成一队，共同驾驶一个热气球。邻座的这个马尾辫女生正是田田。肖小笑左顾右盼，却没有看见范弥胡，心里琢磨着：怎么，难道他也迟到了？

校车颠簸了一下，肖小笑赶紧抓紧扶手。身下的座椅软软的，还挺舒服。肖小笑扭了扭屁股，挺了挺后背，调整了一个更舒适的姿势坐好。

田田口中的"梦境世界"是又一个秘密。有时肖小笑在睡觉的时候会进入另一个时空，那儿就是梦境世界。肖小笑回想起梦中的场景，若有所思地点点头："还真是，我梦见了三足乌陛下……"

肖小笑正准备侃侃而谈时，身后却传来一个结结巴巴的声音："拜托，你能……先从我的身上……下来……然后再说吗？"

呀，座位上竟然还有一个大活人，肖小笑正坐在他的腿上。他跳起来一看，正是范弥胡！

刚才肖小笑又是扭屁股，又是挺后背，鼓鼓囊囊的背包把范弥胡的鼻子都挤扁了，他红通通的鼻头上挂着歪歪斜斜的眼镜，露出无辜的眼神。

"怪不得坐着这么舒服，原来有人肉坐垫呀！"肖小笑笑嘻嘻地说。

田田向旁边挪了一个座位,让肖小笑坐在她和范弥胡中间,追问道:"怎么,你梦到了三足乌陛下?"

三足乌是三个人的老朋友了,它自称是来自仙女星系华夏星球的鸟王。一提到它,他们仨的眼前仿佛就真的蹦出来一只三条腿的乌鸦,骄傲地说着它的口头禅:"呜嘎嘎,我要发威,我要发威!"

"我梦见三足乌陛下跟时空蚩尤大战一场!"肖小笑大声地说,发现石老师瞪了他一眼,又赶紧压低声音,"那是一个沙漠世界,寸草不生,风沙弥漫。时空蚩尤掀起沙暴,要把这个世界吞噬。但是,三足乌陛下降临了!它展开翅膀,每一片羽毛都变成了金色,浑身发出耀眼的光芒,三两下就把时空蚩尤打得落花流水……"

"哈哈!"范弥胡和田田乐得捧着肚子笑。

他们不是笑别的,肖小笑所描述的三足乌陛下显然与他们印象中的三足乌"判若两鸟"。他们所熟悉的那只乌鸦,高傲自负又胆小怕事,平时自吹自擂,遇到危险就想开溜,哪里有这般英勇?只有在危急时刻,它才会吸收宇宙能量,进入金光灿灿、威力无穷的金乌状态。

"三足乌陛下真的说变身就变身了?"

"它该不会是在身上洒了金粉吧?"

"是真的!"肖小笑强调着。他梦中的景象清晰无比:

三足乌变身之后，金光闪耀，威力无边。在那一片金光中，肖小笑还看到天际有许多婀娜多姿的仙女飞翔，她们为三足乌收集宇宙能量。

肖小笑刚要把这个细节也告诉同伴，校车停了下来，目的地到了。同学们整齐有序地下车后，视野豁然开阔：一尘不染的蓝天上，许多色彩缤纷的热气球在天空飞行。其中一个热气球下挂着一条彩带，随风飘舞，上面印着一排醒目的字：

飞天杯少年热气球大赛

"哇！"同学们一起惊呼。

石老师手举扩音器为大家讲解。

"同学们，这就是热气球。古代中国也有一种历史悠久的飞行器——那就是三国时期诸葛亮发明的孔明灯！相传，诸葛亮被困，无法派兵出城求救。于是，他算准风向，用竹篾和纸做成灯笼，在下面的托盘里引燃松节油，上升的热气让灯笼腾空而起，飞到天上。这样，诸葛亮就成功发出求救信号。后来，放孔明灯逐渐成为一种祈福许愿的民俗活动，成为中国传统文化的一部分。同学们，从这个传说中我们可以学到……"

石老师把这里当成课堂，一旦开讲就停不下来。

要在平常，肖小笑最爱听这些有趣的故事啦，可来到了这热气球营地，谁还有心思听讲呢？然而，石老师偏偏犯了"上课瘾"，完全没有要停下来的意思。就在同学们都已无心听讲的时候，扩音器忽然发出一阵"嘶嘶"的杂音，接着又冒出一声怪调："滴……"

"滴……尽管诸葛亮是伟大的历史人物，但历史的发展是有自身规律的……滴……某些英雄人物在历史发展中发挥了重要作用，却无法改变历史规律。滴……"

在同学们的哄堂大笑中，石老师只好无奈地拍拍扩音器，停止讲课，带着大家一起前往热气球营地。

肖小笑偷偷地冲范弥胡竖了个大拇指。范弥胡精通各种科技，扩音器刚刚出现的小毛病，肯定是他制造出来的。

"三人一组……滴……每组一个热气球……滴……不要争抢……滴……"

出现故障的扩音器里传出石老师的提示声。

肖小笑、范弥胡和田田选择了一个红色的热气球。他们一起飞奔过去，登上了热气球下方的白色吊舱。一番操作之后，热气球摇摇摆摆地升空，越来越高，飞上了蓝天。

肖小笑左右张望，观赏着美丽的景象。一个个色彩斑斓的热气球，就像一颗颗彩色的大葡萄在天空悠然飘荡。

每个热气球上都涂绘着一个仙女,她们身态婀娜,衣着华美,在空中翩翩起舞,衣袂飘飘。

肖小笑身体微微一颤,叫道:"哎呀,热气球上的仙女图案,就是我在梦中见到的!"

小小考古学家

伎乐飞天图

文物位置： 莫高窟第420窟

文物时代： 隋代

文物介绍： 飞天在火焰纹背光上方飞行，袒露上身。有的捧花盘供养，有的在演奏箜篌、琵琶，有的吹奏横笛和笙。

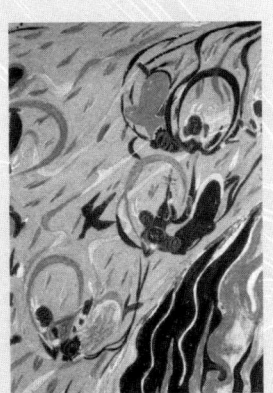

专家的考古猜想： 敦煌壁画中的飞天，与洞窟创建同时出现，历时千余年，几乎窟窟有飞天。其数量繁多，造型多样，有童子飞天、六臂飞天、伎乐飞天等，寄托着古人美好的愿望和梦想。

肖小笑的考古猜想： 莫高窟会不会曾经是外星人的根据地，要不怎么会有那么多的飞天壁画呢？那些飞天多像太空中的航天员呀！

我的考古猜想： _____

_____

秘境巳时
（9:00—11:00）

惊险热气球

在梦中见到的飞天仙女，竟然出现在眼前的热气球上，肖小笑又惊又喜，一时之间不知道自己究竟是在梦境还是现实。

田田只看了一眼热气球上的图案，立刻就辨认出来。她吐出几个字："敦煌飞天图。"

"什么？"范弥胡没有听明白。

田田详细解释道："敦煌是一个地名，位于中国的甘肃省，周围是沙漠。在敦煌的一处石崖上，有许多古人开凿出来的石窟，不少石窟里有着精美的壁画和彩塑，这个庞大的石窟群叫莫高窟。莫高窟共有735个洞窟，其中270多个洞窟绘有飞天，总计4500余身飞天形象。"

范弥胡听得入迷，还想再问下去，却听见"咚"的一声巨响，脸上吃了一记"暗算"。掏出镜子一照，脸上竟然被喷了一大片红色的颜料，成了京剧里的花脸！

"有人向我们发动进攻啦！"肖小笑喊叫起来。

"进攻？"范弥胡愁眉苦脸地抹去脸上的颜料。

"这次热气球大赛，我们会相互开炮。别着急，这些炮弹没有危险性，只是一种可溶性颜料，能在对方热气球上留下印记。等大家返航后，看看谁的热气球上颜料最少，谁就是赢家。"

吊舱里还真有一门"大炮"，肖小笑马上操作起来，对刚刚发动进攻的那个热气球展开了反击。

"轰!"

一颗炮弹发射过去,那个黄色的热气球上留下了一块红色的颜料。

"击中啦!"肖小笑话音未落,还没来得及庆祝,对方再次开炮,肖小笑也挨了一下,他的脸上又多了一块蓝色。

"气死我了,到底是谁,怎么不打气球,光打人家的脸?"

看到肖小笑和范弥胡满脸颜料愁眉苦脸的样子,田田也忍俊不禁道:"这是装饰颜料,看来对方很想帮你们化个妆呀。"

话音刚落,她的脸上也中了弹,成了一个小花脸。田田怒不可遏,马上夺取了大炮的操纵权,向那个热气球发起连续攻击。几轮进攻下来,那个热气球挨了三四颗颜料炮弹,只好撤退。

不料,肖小笑发现他们似乎陷入了一个包围圈,五六个热气球正把他们团团围住。

"好汉不吃眼前亏,咱们先溜!"肖小笑操控热气球上升,从包围圈中杀出一条路。然而,那些热气球仍紧追不舍,一边追一边进攻,不一会儿,肖小笑的热气球上就留下了好几块颜料。

偏偏在这时,一个热气球从斜前方飞了过来。看到热

气球上的那门大炮后，肖小笑不由得头皮发麻。

"那是'加特林'！"肖小笑紧张地喊道。

加特林机枪本是一种威力巨大的武器，由多根枪管组成，可以旋转射击，且射速飞快。那个热气球的主人也不知采用了什么方式，竟然把颜料大炮改造成了"加特林机枪"，这要是被扫射一番，可不是闹着玩的。

眼看对方越来越近，自己的热气球已经被瞄准锁定，在这千钧一发之际，神奇的一幕出现了。一群鸟儿横冲过来，撞在了那个热气球上，威力还不轻。那个热气球歪斜了一下，射出的炮弹竟全部打偏。

"糟糕，被鸟撞啦！"

"紧急迫降！"

对方热气球上发出惨叫声。

在航空领域，撞鸟是一种严重的事故。飞机在起飞的时候，特别怕与天上的鸟儿相撞。别看鸟儿身形小巧，可当飞机高速飞行时，它们跟炮弹一样可怕，能给机身造成严重的破坏。要是直接撞击发动机，那就更糟糕了。所以每座机场都会如临大敌一般对待各种鸟儿，在机场选址时会尽可能避开鸟类栖息地或候鸟停驻地，还会采用各种措施驱赶飞鸟，比如声音驱赶、使用激光干扰等。

那是一群乌鸦，它们大概被空中的彩色热气球吸引了，纷纷冲撞过来。许多热气球都挨了撞，不是调整方向，就是迫降避险。

奇怪的是，这些乌鸦似乎对肖小笑的热气球不感兴趣，他们的红色热气球安然无恙。

"怪了，那些鸟像是认识咱们似的。"范弥胡说。

"呜嘎嘎，还不是本陛下派兵来增援你们啦！"

一个古怪的声音从头顶上方传来，三个人对这个声音再熟悉不过。那嘶哑的嗓音，那高傲的腔调，特别是那句"呜嘎嘎"的口头禅，除了三足乌还有谁呢？他们一起抬起头来刚想向三足乌问好，却愣住了。

吊舱上方的绳索上站着一只白色的大鸟，它羽毛雪白，没有一丝杂色，看上去高贵而圣洁。

三个少年议论起来："哎哟哟，三足乌陛下掉进面缸里了，变成白色了！"

"它肯定不是三足乌陛下！天下怎么会有白色的乌鸦呢？"

"可是，它和三足乌陛下一样，长着三条腿！"

真的，这只鸟的腹下还有一条腿，还真是三足乌的特征。肖小笑试探着叫道："您真的是三足乌陛下？"

"呜嘎嘎，莫不是被本陛下英姿飒爽的外表迷倒了，本陛下英俊的外表下始终是一颗仁慈之心。"白鸟傲慢地说，

"本陛下不辞劳苦赶来营救你们，还不谢主隆恩？"

白鸟还真是三足乌！肖小笑和田田毕恭毕敬，对三足乌弯腰施礼，连呼"陛下万岁"。只有范弥胡咧开大嘴乐了起来："嘿，瘸腿乌鸦陛下！"

范弥胡口无遮拦，经常称呼三足乌为"瘸腿乌鸦"，每一次都会遭到报复，这一次也不例外。三足乌"呜嘎嘎"地大叫了几声，落到了范弥胡的脑门上，像啄木鸟一样对着他的大脑袋猛啄起来。范弥胡惨叫声不断，连连求饶。

"呜嘎嘎，这就是触犯本陛下天威的下场！"

三足乌威风凛凛，雪白的羽毛在阳光下闪闪发亮。肖小笑奇怪极了，三足乌怎么变成白色的了？

"呜嘎嘎，说来话长……"三足乌跳到吊舱边缘，煞有介事地踱了两步，又啄了啄吊绳。看到这一连串动作，大家都知道它的"陛下瘾"又犯了，肯定要自吹自擂一番，把自己说成伟大的鸟王。

果然，随着一声加了重音的"呜嘎嘎"，三足乌又开始了："呜嘎嘎！你们也知道，本陛下不仅是华夏星球上的鸟王，还是太阳的化身，被誉为地球上的守护神！呜嘎嘎！今天早晨，本陛下刚刚起床就接到了一条求救信息，敦煌秘境遭到时空蚩尤的入侵。呜嘎嘎！事态紧急，本陛下作为一位心怀天下、爱民如子的鸟王，心急如焚，连牙也顾

不上刷,脸也顾不上洗,就火速驰援。呜嘎嘎……"

"陛下——您本来就用不着刷牙吧?"范弥胡问道。

三足乌一边添油加醋地叙述经过,一边自吹自擂。正说到兴头上,范弥胡冷不丁插了一句嘴,让它愤恨不已。

"本陛下这可是金口玉牙!"

三足乌狠狠瞪了范弥胡一眼,继续说了起来。

"呜嘎嘎!本陛下穿越时空,进入敦煌秘境,正与那时空蚩尤撞个正着。呜嘎嘎!本陛下向来爱憎分明,嫉恶如仇,见到了作恶多端的时空蚩尤,岂能饶得了他?自当替天行道,为民除害!一想起他做过的那些坏事,本陛下就恨得咬牙切齿,浑身颤抖。呜嘎嘎……"

"陛下!您这金口玉牙可别轻易咬牙切齿呀!"范弥胡再次提醒道。

三足乌火冒三丈,再次瞪了范弥胡一眼。

"呜嘎嘎!那时空蚩尤,身上长着黑毛,手持一柄战斧,气焰嚣张得很!本陛下要让他见识见识,什么叫真正的威力!于是,本陛下高高飞起,舒展两翼,凝聚宇宙能量,转眼间变身为金光闪闪的三足金乌。呜嘎嘎!本陛下当时可真是英姿飒爽,威不可当!三下五除二,本陛下就把时空蚩尤打得落花流水,满地找牙!呜嘎嘎,呜嘎嘎,呜嘎嘎嘎嘎……"

三足乌得意的笑声在空中回荡了很久。在这笑声中，范弥胡一边琢磨一边自言自语：

"是谁在满地找牙呢？牙齿被打掉后就算找到了也装不回去呀……"

看到范弥胡左思右想，非要跟牙过不去，三足乌打算冲过去给他点儿教训。肖小笑见势不妙，赶紧问道："陛下，您真的变成了金乌？"

这就问到了点子上了，三足乌停下来，若有所思地说："真的！一来到敦煌秘境，本陛下就感觉有一股宇宙能量注入体内。呜嘎嘎，那种感觉可真是棒极了！"

三足乌的目光闪烁，陷入了回忆。

肖小笑他们都熟悉三足乌的两种状态。平时它是一只普通的乌鸦，一旦进入金乌状态，就拥有无穷的威力。每当进入金乌状态的时候，三足乌总会感到周围有许多飞天仙女出现，将宇宙能量注入它的身体。可那些飞天仙女从何而来，它无从知晓。于是三足乌寻访了许多秘境，寻找给它带来宇宙能量的飞天仙女。

"飞天仙女？"范弥胡觉得三足乌在说梦话。

"呜嘎嘎，本陛下是仙女星系的鸟王，自然会有飞天仙女环绕！"三足乌说。

田田却说："敦煌壁画上的飞天图，不仅寄托了古人的飞行梦想，更诠释了他们对宇宙的理解。飞天仙女采集宇宙能量，倒也说得过去。"

"复原之后，本陛下的羽毛就变成了白色。"三足乌舒展着白色的翅膀说。看得出来，它对自己现在的颜色十分满意。

"和我梦到的场景一样！"肖小笑对范弥胡和田田说，"看来，三足乌陛下成功拯救了敦煌秘境。"

"离成功拯救还差那么一丁点儿，呜嘎嘎。"三足乌说，"向本陛下发出求救信号的，是一个叫莫天天的孩子。本陛下虽然赶跑了时空蚩尤，却在沙漠中迷失了方向，找不到莫天天了。于是乎，本陛下就来找你们，也给你们一个立功的机会——呜嘎嘎，跟我来！"

三足乌展开翅膀，从吊舱里一跃升空，洁白的身影出现在蓝天上。

肖小笑赶紧驾驶热气球，紧紧跟上三足乌。

然而，三足乌飞得很快，不一会儿就变成了一个白点，消失在天际。

"三足乌陛下到哪里去了？"田田好奇地问。

"这又是在哪里？"范弥胡也摸不着头脑，"我们是不是迷路了？"

比迷路更糟糕的事情出现了，原本晴朗无比的天空突然起风了,天色昏黄黯淡,空气中沙粒弥漫,尘土飞扬,让人视野模糊。天边传来一阵轰隆隆的声响,放眼望去,巨大的黑云滚滚而来,向他们逼近。这时肖小笑才发觉,那根本不是黑云,而是沙暴。

"我们遇到沙暴了!"肖小笑大叫,"秘境探险队,紧急迫降,躲避沙暴!"

热气球急速下降,却为时已晚。转眼间沙暴就将热气球团团包围。在一团沙尘之中,红色的热气球若隐若现,摇摆不定,就像飘落大海的一艘小纸船,被浪花抛来扔去。肖小笑、范弥胡和田田觉得天旋地转,他们抱在一起,发出绝望的叫喊:

"啊——"

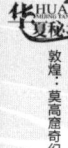

小小考古学家

三兔飞天藻井

文物位置： 莫高窟第407窟

文物时代： 隋代

文物介绍： 藻井中绘八裂瓣大莲花，莲花中央绘有三兔，相互追逐、首尾相接。莲花周围绘飞天、童子、比丘环绕飞行，天雨香花，彩云呈祥。

专家的考古猜想： 三兔飞天藻井的构图非常巧妙，三只兔子首尾相接，形成了三兔相互追逐的画面，又与周围飞天、莲瓣相结合，以静止的图像营造出了动感。

肖小笑的考古猜想： 我感觉这幅画面特别像一个变幻不息的星系。它体现了中国古人的宇宙观，星系变幻的动力来自三只相互追逐的兔子。

我的考古猜想： _____
_____

秘境午时
（11:00—13:00）

消失的壁画

"咚——"

"骨碌碌——"

肖小笑摔在了一个大沙坡上。这里陡得很,他控制不住平衡,翻滚下去,越滚越快。幸好肖小笑眼疾手快,抱住了一块大石头,才停止翻滚。仔细一瞧,这哪里是大石头,分明是范弥胡的大脑袋!

"范大头,是你!"

范弥胡还以为自己被什么野兽抓到了,正在哇哇大叫,见到是肖小笑,这才松了一口气。两个人沿着沙坡,小心翼翼地滑下去。

"田田呢?"范弥胡问。

天地之间都被漫漫黄沙笼罩着,根本看不清方向。

"我在这里,你们别过来!"不远处传来田田的呼喊声。她像是遭遇了什么危险,大声警告肖小笑和范弥胡保持距离,不要靠近。肖小笑和范弥胡不知道她的情况,只能立在原地干着急。

范弥胡猜测:"我猜哪,田田一定是找到了什么宝藏,想一个人独吞,要不干吗不让我们过去?"

"你以为田田和你一样!"肖小笑顺着声音的方向,试探着走了几步,忽然觉得脚下一软,整只脚陷进了沙子里。

"当心,这里是流沙区!"肖小笑的耳边响起一个声音。

流沙！肖小笑的脑袋里"嗡"的一声响，他在很多电影里都看到过可怕的流沙。人如果陷进流沙里，就会一直下陷，难以脱身，最终甚至会被流沙吞没。他赶紧用力把脚拔了出来，并后退两步。

沙暴减弱了一些，视野逐渐清晰了起来。肖小笑看见在不远处的田田，她的大半截腿都陷在流沙里，她拼命挣扎着，脸上写满了绝望。

"不要挣扎，越挣扎就会陷得越快！"刚才那个声音又警告道，"流沙没有那么可怕。遇到流沙，只要能保持静止不动，就不会继续下陷。"

是三足乌在说话吗？肖小笑环顾四周，却没有看到它的身影。

田田听从了那个指引，停止挣扎，身体果然不再下陷。但她的双腿已经被流沙埋住，怎么都拔不出来。

"下面，我教你怎么从流沙里脱身。"那个声音再次响起，"记住，动作一定要轻。你需要匍匐在沙面上，慢慢向外爬。"

那个声音仿佛从远处传来，又仿佛近在咫尺。肖小笑再次环顾四周，却只能看到茫茫沙尘。

"啊，趴下来？那我不就一下子全陷进沙子里去了？"

田田不敢照做。

"不会的,流沙的密度比人体密度大,趴下来能降低人体对流沙的压强。你要尽量将身体重量分散开来。"

这慢条斯理的声音,让人感到踏实。田田按照指示,尽量摊平身体,慢慢地移动两腿,把腿从流沙中抽出来,然后一点点地向外爬。

终于,田田上了"岸"。她一下子瘫倒在沙地上,心脏怦怦直跳。

"妈呀,我还以为我今天要'交代'在这里了!"田田带着哭腔说。范弥胡忙把她搀扶起来。

"不用怕,有瘸腿乌鸦陛下在,你这不转危为安了吗?"范弥胡安慰田田。不过,他马上意识到自己又说错了话,赶紧抱住脑袋,以防三足乌来报复。然而,过了好一阵子都不见动静。

"那不是三足乌陛下。"肖小笑说。

"为什么?"范弥胡问。

"因为他不说呜嘎嘎,语气也不傲慢。"肖小笑说。

究竟是谁救了田田呢?在巨大的沙鸣声之中,那个声音忽远忽近,显得怪里怪气的。沙暴这么大,一直看不到说话者的身影。

但不管怎么说,他救了田田。一股感激之情涌上田田的心头,她想当面谢谢这位救命恩人。她刚要循声走去,又被范弥胡拉住了。范弥胡压低声音说:"田田,在野外可不能轻信陌生人!"

"他不是陌生人,是我的救命恩人!"田田纠正道。

"我们连他是谁都不知道!"范弥胡说,"你想,有谁没事会在这样恶劣的环境里溜达呢?万一是时空蛊尤呢?"

"时空蛊尤会救我的命?他哪有那么好心!"田田反驳道。

"那你说说,他叫什么名字?"范弥胡问。

"我哪里能知道!"田田说。

"他家住哪里?身份证号码是多少?手机号是多少?上学期考多少分?"范弥胡来劲儿了,开始了连珠炮式的反问,"他是高是矮?是胖是瘦?是男是女?是人是鬼?会不会钓鱼?能不能吃辣?"

"你这叫胡搅蛮缠!"田田生气了。

眼看着两个人又争执起来,肖小笑赶紧从中调和:"我们当然要知恩图报,不过范弥胡说得也有道理。即便是救命恩人,我们也要先知道他是谁,对不对?"

这时,昏黄的沙漠中出现了一个黑乎乎的身影,看上去像是一个孩子,并不是时空蛊尤。

"请先不要过来,我有些害羞。"那孩子怯生生地说,

"欢迎你们来到敦煌秘境,守护神三足乌陛下说它会率领一支秘境探险队前来救援,想必就是你们。"

他提到了秘境探险队,又提到了三足乌,那还能有什么错?田田完全放松了警惕,她瞪了范弥胡一眼,热情地说:"对,我们就是秘境探险队!你遇到了什么困难,赶快告诉我们吧!"

"我叫莫天天,是生活在敦煌秘境的居民,我的家在莫高窟。"那孩子说。

"你就是莫天天!"肖小笑一脸开心。

"你家里谁在哭?"范弥胡没听明白,他迷迷糊糊地问。

"又犯迷糊了不是?"田田对范弥胡说,"莫高窟是一个地方,'窟'是洞窟的'窟'、窟窿的'窟'。"

"什么什么,他家住在窟窿里?"范弥胡更迷糊了。

"跟你这种总犯迷糊的人,我讲不明白了!"田田两手一摊。

莫天天继续说:"莫高窟是一个神秘的地方,我家祖祖辈辈都居住在那里。然而,今天早上一伙强盗闯进了莫高窟,把它占为己有。请你们帮助我把它从强盗手里夺回来!"

说完,莫天天转身而去,黑乎乎的身影在沙漠中越来越远。

这真是一件令人气愤的事情。田田听后火冒三丈,拍着胸脯表示一定会给莫天天报仇,赶走强盗,夺回莫高窟。

肖小笑迈开大步朝着黑影方向走去,范弥胡和田田也紧紧跟上,他们继续争论着。

"怪了嘿,什么强盗会抢一个窟窿?"

"喂,那不是窟窿,是莫高窟!"

"莫高窟是不是'莫非这个窟窿很高'的意思?"

……

莫天天走在前方,身影时隐时现,无论肖小笑一行怎样追赶,他始终和他们保持一定的距离。走了一阵子,肖小笑从前方的一片昏黄中隐隐约约看到了什么。往前走几步再看,原来是一道断崖,断崖上还有许多石窟,高低错落、鳞次栉比,就像是一艘巨轮上的舷窗,密布于巨大的暗黄色船体。

"这就是我的家——莫高窟。"莫天天的声音传来。

"哇,原来不是一个窟窿,而是许许多多个窟窿!"范弥胡惊讶极了。他扶了扶智能眼镜,对其吩咐道:"扫描所有石窟,统计数量。"

范弥胡的这副眼镜可不一般,它是三足乌送的外星智能眼镜,连接华夏星球的星际网络,可以随时提供各种资料和信息。

智能眼镜很快就给出了答案:总计735个石窟。

肖小笑他们又走近了一些后,不敢继续靠近了。因为他们看见断崖上出现了一些人影,三三两两,有的在站岗,有的在巡逻,有的在操练,有的在搜寻着什么,有几十人之多。风沙弥漫,尽管看不清这些人的具体模样,可肖小笑判断,这些人就是占领莫高窟的强盗。

肖小笑没想到他们会面对这么多强盗,一下子犯了难。他们只是三个孩子,手无寸铁,该怎么击退这伙强盗呢?

莫天天不理解肖小笑的担忧和顾虑,生气地说:"怎么,害怕了?哼,说好了帮我赶走强盗,可大敌当前,你们竟然全都当起了缩头乌龟!"说完,他就头也不回地跑走了。

这句话刺激到了田田,她可不愿意当一个忘恩负义的人。她对着莫天天的背影说:"莫天天,你放心,我们会想出办法帮你击退强盗!"

三个少年开起了作战会议,商量如何打击莫高窟中的强盗。肖小笑望着茫茫沙尘,有了主意。

"要在平常,我们肯定打不过这么多强盗。可有了这场沙暴,真是天助我也!我们趁着沙尘弥漫,先混进莫高窟,摸清强盗头子的位置,把强盗头子制服了,那些小喽啰也就一窝散了。嘿嘿,这叫射人先射马,擒贼先擒王。"

听起来,这是一个相对稳妥的方案。秘境探险队的成员们行动了起来,在沙暴的掩护下,他们一点点接近莫高窟。

范弥胡边前进边说:"莫高窟里一定藏着很多宝贝!"

"你怎么知道?"肖小笑问。

"这还用说吗?如果没有宝藏,什么强盗会来占领这些石窟呢?"范弥胡说。

这一次,田田难得没有反驳他。她点了点头,说:"你还别说,莫高窟就是一座大宝库,里面藏着丰富多彩的文化瑰宝。"

田田是个兴趣广泛的女孩,曾经专门研究过莫高窟。她知道,莫高窟俗称千佛洞,始建于十六国的前秦时期,历经十六国、北朝、隋、唐、五代、西夏、元等朝代的兴建。每个洞窟里都别有洞天,蕴藏着精美的彩色壁画和佛像。现存壁画4.5万平方米、彩塑2000多尊,是世界上现存规模最大、内容最丰富的佛教艺术地。

田田一边躲避强盗巡逻的路线,小心翼翼地接近莫高窟,一边把她所知道的讲给伙伴们听。她讲得生动极了,肖小笑和范弥胡的眼前马上浮现出了那些色彩鲜艳的壁画和惟妙惟肖的塑像。

三个少年来到了断崖下,看见一截用草绳编织的软梯从断崖上垂下来,于是晃晃悠悠地攀爬起来。

"你是说,莫高窟里有很多壁画?"范弥胡一边爬一

边问。

"那当然,而且每幅壁画都描述了不同的故事。"田田说。

"天哪,那不就成漫画啦?"肖小笑惊呼。他平时可喜欢看漫画啦,可他万万没想到,在这大漠中的莫高窟里,竟然藏着七百多部"石窟漫画"。

"不信,我们一起去看看!"

田田已经爬到了第二层,她带着肖小笑和范弥胡走进了一个石窟。然而,石窟里却空荡荡的,土黄色的山岩裸露在外,全然不见壁画的影子,也看不到什么塑像。

田田的表情凝固了,起初的眉飞色舞已变作目瞪口呆。

"田田,你说的壁画在哪里呢?"范弥胡嚷嚷道。

"我们……可能……进了……一个……没有……壁画……的石窟……"田田的舌头打结了,她拉着肖小笑和范弥胡向外走,进了另一个石窟。

还是一个空空如也的石窟。岩壁上除了壁龛开凿的痕迹之外,什么也没有。

"怪了嘿……"田田说起了范弥胡的口头禅。

"会不会那些佛像和壁画全被强盗抢走了?"肖小笑猜测。

"不会,或许佛像能被抢走,可壁画是直接绘在岩壁

上的，怎么可能被抢走嘛！"田田走到岩壁跟前，用手指摩挲，发现指甲缝里残留了一些白色和黄色的粉末，中间还混杂着细碎的麦秸渣。

田田知道，莫高窟的壁画并不是直接涂绘在岩壁上的，绘画者会先将多种材料混合，再一层层刷在岩壁上，俗称"地仗层"，然后才开始作画。眼前的岩壁上，地仗层分明还在，壁画却失踪了。

这可就太奇怪了！地仗层相当于一幅画的画纸，什么样的强盗能把画上的图案偷走，却把画纸保留下来呢？

肖小笑像侦探一样分析起来："一张写满字的纸，如果上面的字迹全都消失了，那么就会有两种可能。要么是被橡皮擦掉了，要么是用修正液覆盖了。会不会这些壁画被掩盖了呢？"

"我来扫描一下。"范弥胡说着就操控起智能眼镜。他的眼前出现了一道道蓝色的光影，映在了石壁上。不一会儿，扫描就有了结果，范弥胡摇着头说："这些都是原始的石壁，内部是厚厚的山岩，没有被掩盖在下面的壁画。"

秘境探险队打算去更多的石窟里探索，可刚走出去，他们就迎面撞上了一伙强盗。强盗们一拥而上，把三个少年抓住，来了个五花大绑。

"哪儿来的？"

"他们的衣服真古怪！"

"一定是匈奴！"

"快把他们全咔嚓了！"

……

不由分说，三个少年就被推得跪倒在地，一个强盗还举起了刀。肖小笑害怕极了，心扑腾扑腾地直跳。田田也没了刚才的气势，吓得闭眼尖叫。范弥胡最胆小，正在求饶："叔叔们，大爷们，饶了我们吧！"

在一片混乱中，强盗中的小头目略一思忖，命令道："带他们去见汉使！"

小小考古学家

飞天图

文物位置：莫高窟第257窟

文物时代：北魏

文物介绍：第257窟中心柱正面佛龛的上部，佛光两侧各有两身飞天，两身飞天为一组。图中这身飞天一边弹奏琵琶，一边仰头向上升起，给人以优美之感。

专家的考古猜想：图中的飞天有着一张"小"字脸。"小"字脸并不是壁画本来的式样，而是壁画褪色的结果。两只白眼珠和一个白鼻梁，恰形成一个"小"字。

肖小笑的考古猜想：许多画家在创作时，都喜欢把个人的标志隐藏在作品中。"小"字脸可能就是一个隐藏的符号。

我的考古猜想：_____
_____

秘境未时
（13:00—15:00）

被困敦煌的张骞

这是在莫高窟的一个石窟里，一位衣衫褴褛的大汉正坐在肖小笑的面前。大汉的两旁还有五六名护卫整齐地站着，他们身上的衣服一个比一个破。有的胸前裂开了一道口子，有的屁股上破了一个大洞，有的上衣简直就是随意拼凑的几根破布条子。肖小笑心想：这群强盗可够倒霉的，没抢到什么好东西，只能霸占这些石窟了。

大汉本来在闭目养神，听了小头目的汇报，点了点头，睁开眼睛望向三个少年。一瞬间，肖小笑被这双眼睛震慑住了。尽管大汉的外表看上去很落魄，可他的眼睛却炯炯有神，就像深邃的洞窟中跳跃着两团小火苗。

肖小笑开始觉得，这个人不是一般的强盗，一定来头不小。

他彬彬有礼地想要上前交流，却听见范弥胡粗声粗气地喊道："大王，我是来入伙的！我范弥胡的人生理想就是当一名强盗，快收下我吧，快收下我吧。我一定痛改前非，立志做一名优秀的强盗！"

原来，范弥胡刚刚就打算好了。好汉不吃眼前亏，干脆向强盗投降算了。可他说得太荒唐，谁会立志当强盗呢？

那双眼睛似乎被激怒了，大汉厉声道："把他们关起来！"

不由分说，肖小笑、范弥胡和田田被关进了一个光线幽暗的石窟里，门口有两名守卫把守着。

"得,这下我们可麻烦大了!"田田嘲笑起范弥胡来,觉得他刚才的表现实在太"怂"了。

"好汉不吃眼前亏,我这也是跟三足乌陛下学的嘛!"范弥胡一点儿也不难为情,反倒说,"那只瘸腿乌鸦,没事的时候常常吹嘘自己是守护神。可一遇到危险,连个影子都找不到了!它这会儿该不会已经逃到华夏星球去了吧?"

肖小笑不断回忆刚才那个大汉的眼神,开始分析起来:"我看,他们并不像强盗。"

"不是强盗是什么?你看看他们穿的衣服,难不成是丐帮的?"范弥胡说。

肖小笑示意范弥胡和田田注意正在洞窟外把守的两名守卫,他们虽然衣着破旧,可身姿笔挺,神采奕奕。肖小笑问:"有这样训练有素的强盗吗?我猜,这可能是一场误会。"

田田想起小头目的一句话,也疑惑起来:"刚才那个人被他们称为'汉使',莫非……"

"莫非什么?"肖小笑和范弥胡齐声问。

田田说:"'汉使'是一个特定的名词,指的是两千多年前汉朝派遣的外交使臣。如果他真的是汉使,那我们岂不是来到了两千多年前?"

肖小笑回想那些人的装束、举止,还真像在电视里见到的汉朝人。

田田说:"在西汉时期,汉武帝派使臣出使西域。如果我没猜错的话,刚才那个人可能是大名鼎鼎的汉使张骞。"

"什么张千、张万的!"范弥胡嘟囔道。

"你真是孤陋寡闻,连张骞都不知道!"田田说,"张骞是历史名人。他两次出使西域,打开了中原与西域各国交流贸易的通道,从此古代中国人通过这条通道向西域和中亚等国出售丝绸、茶叶、漆器等物品,同时从欧洲、西亚和中亚引进宝石、玻璃器等物品——这就是著名的丝绸之路。而张骞就是丝绸之路的开拓者,你说他伟大不伟大?"

提到大名鼎鼎的丝绸之路,范弥胡才明白过来,张骞还真是一位伟大的人物。他疑惑地说:"张骞不好好当他的汉使出使西域,怎么跑到这大沙漠里当起强盗来了?"

"我看,这里肯定有误会。"肖小笑说,"我们要找出原因,化解误会。"

"我看哪,咱们还是先找到办法逃出这个洞窟吧。"范弥胡在洞窟里溜达起来,想找找还有没有别的出口,却看见角落里有一团东西。他凑上去一瞧,不禁大叫起来:"呀,这洞里怎么还有个大活人!"

那是一个男孩子。他正蜷缩在角落里,似乎才刚刚醒来,正在谨慎地盯着三个人。肖小笑和田田赶紧凑过去,他们做完自我介绍后又关心地问:"你是谁呀?怎么会被关在这里?"

"我叫莫天天。"男孩说,"这里是我的家。"

"莫天天!"田田见到了恩人惊喜极了,连声呼道,"见到你真是太好了!怎么你也被强盗抓住了?"

莫天天却用奇怪的眼神看着她:"我不认识你们呀,我一直在睡觉,刚刚被你们吵醒了。我不认识什么强盗,外面那群人是我的客人,他们途经本地又遇到了沙暴,就暂住在这里。他们人非常好,还派士兵保护我。"

肖小笑、范弥胡和田田听完后面面相觑,怎么和之前发生在他们身上的事都对不上呢?

把田田从流沙里救出来,又带着他们走出沙漠的人不是莫天天,那会是谁呢?想着想着,肖小笑猛地叫道:"哎呀,我们可能上当了——我们遇到的那个人,故意告诉我们汉使张骞是强盗,怂恿我们攻击汉使,是为了利用我们!"

就在这时,一阵爽朗的笑声传来,刚才那个大汉走了进来:"你们说得不错,我的确是汉使。看来,你们也不是坏人,而是上了坏人的当。"

误会消除之后,张骞命手下准备食物,款待秘境探险队和莫天天。

"我奉王命,出使西域。可就在经过此地时,一场巨大的沙暴席卷而来，我们不得不停止前进，先来此躲避。"一说起他的使命，张骞的脸上就露出了神圣而坚毅的神情。他放下食物，走到洞窟门口，望着滚滚沙尘，叹息道："也不知道这场沙暴什么时候才能过去。不过，哪怕天气再恶劣，也阻止不了我的决心——不能等了，我们继续赶路，说什么也要抵达西域。"

说着，张骞传令让手下们收拾行装，准备启程。不一会儿，队伍便集结完毕。

"朝着西域进发，不辱使命！"张骞振臂一呼。

"不辱使命！"手下一起回应。

汉使张骞重新上了路，他们的身影逐渐模糊，消失在了滚滚沙尘之中。

"也不知道他们后面的路顺利不顺利。"范弥胡担忧地说。

田田说："历史记载，张骞在出使西域的路上，吃尽了苦，受尽了累，还被匈奴抓住，关押了十年。可他矢志不渝，始终牢记着自己的使命，最终抵达了西域。"

肖小笑对张骞肃然起敬。

范弥胡想摸清事情的来龙去脉："我们遇到了汉使张骞，那现在岂不是两千多年前？"

田田说："如果真的是在两千多年前，那莫高窟里壁画消失之谜就解开了——在汉朝时期，莫高窟还不存在呢！"

肖小笑却说："莫高窟不存在，那这些石窟又是怎么回事呢？"

三个少年大眼瞪小眼，完全糊涂了。

历史上，莫高窟的众多洞窟并不是天然形成的，而是历代工匠在石壁上一点点开凿出来的。如果只有壁画和塑像消失了，而石窟还保存着，这也太不合理了。

"妈呀，时空错乱了！"范弥胡抱着大脑袋嚷嚷起来。

"你的脑袋终于开窍了，呜嘎嘎！"一个熟悉的声音传来。三足乌落在崖壁上一块凸起的岩石上，用它那一贯傲慢的语气说："没错，敦煌秘境发生了时空错乱！而制造这种时空错乱的罪魁祸首，就是时空蚩尤。"

范弥胡一见到三足乌，气就不打一处来。

"嘿，我说瘸腿乌鸦，你把我们扔在沙漠里就溜之大吉了！瞧把我们害的，还差点跟汉使一行打起来。这要是被史书记载下来，我们三个岂不都成了罪人？"

肖小笑和田田听完，都不禁为范弥胡捏了一把汗，心想他肯定又要被三足乌狠狠教训一顿了。不过，三足乌有个特点，要是它自知理亏，就会心虚地放范弥胡一马，然后迅速转移话题。

果然，三足乌一边抖动身上的沙尘，一边转移话题："呜嘎嘎！本陛下瞧你年幼无知，不跟你一般见识……哎哟哟，该死的沙暴，弄得本陛下浑身是沙，洁白的羽毛都脏了……呜嘎嘎，你们可知道这沙暴并不是普通的沙暴，而是时空蚩尤掀起来的时空沙暴。"

"时空沙暴？"

"呜嘎嘎，时空错乱就是时空沙暴导致的！"三足乌把话题成功转移。

肖小笑问："有没有办法可以消除时空沙暴呢？"

"对于全能的华夏星球鸟王陛下来说，区区时空沙暴，当然是小菜一碟！呜嘎嘎，这样吧，你们来求求本陛下。没准本陛下一开心，小小地发个威，变身进入金乌状态，就能消除时空沙暴。"

三足乌经常把"发威"挂在嘴边，可绝大多数情况下，它都是在耍嘴皮子。三个少年一直都把这当成一句大话，肖小笑和田田心知肚明，却默不作声；范弥胡口无遮拦，用不屑的语气嚷嚷起来："发威、发威，可别光说不练。您老就发个威呗！"

"呜嘎嘎，瞧好啦，本陛下现在就发威，结束这场时空沙暴！"三足乌竟不生气，它舒展开洁白的翅膀，飞上天空，消失在了沙尘之中。不一会儿，黄沙弥漫的天空中隐约出现一道刺眼的光，这光越来越亮，撕开沙幕，向四周扩散。又过了一阵子,天空变得晴朗,映入眼帘的是一片金色的沙漠和瓦蓝的天空。

肖小笑、范弥胡和田田被这壮美的沙漠景色震撼住了。他们更没想到,三足乌当真说发威就发威了!肖小笑虽然没有再见到飞天仙女,却也相信在敦煌秘境有一股神秘的力量支撑着三足乌,为它提供宇宙能量。

这时,莫高窟里传出了莫天天欣喜若狂的声音:"回来了,回来了!壁画回来了!"

小小考古学家

张骞出使西域

文物位置：莫高窟第323窟

文物时代：初唐

文物介绍：汉武帝骑着高头大马，左右臣属八人。在他的对面，即将出使西域的汉使张骞持笏（hù）板跪拜辞行。

专家的考古猜想：中间的榜题写着："前汉中宗既获金人莫知名号，乃使博望侯张骞往西域大夏国问名号时。"结合当时历史背景，这幅壁画可能讲的是霍去病大胜匈奴，缴获两个金人，将金人供奉，但汉武帝不知道这两个金人是什么，因此派出张骞一行前往大夏国去询问。

肖小笑的考古猜想：我要是汉武帝，会这样对张骞说："上次派你出使西域，你虽然没有完成联合大月氏抗击匈奴的任务，却带回了那么多好吃的西域水果。这次再派你去，看还能不能收获意外之喜！"

我的考古猜想：_____

秘境未时 被困敦煌的张骞

秘境 申时
（15:00—17:00）

寻找敦煌第一窟

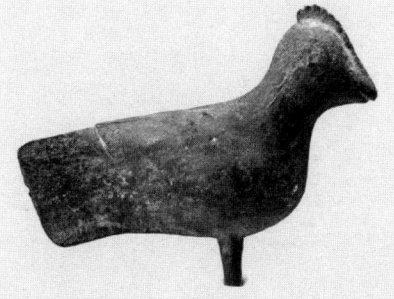

铺展在眼前的是一幅斑驳的壁画：一个手里拿着笏板的人跪在地上，对面的另一个人骑在马上。而在他们周围，还有十来个人物，全都穿戴汉朝的服饰。

田田看出了点儿门道，他指着跪在地上的那个人说："这个人就是汉使张骞，而骑在马上的那个人是汉武帝。这幅壁画画的是张骞即将出使西域，在跟汉武帝辞别的场景！"

敦煌壁画果然像漫画一样，讲述了一个又一个的故事，肖小笑早已看傻了眼。

三足乌得意极了，它轻轻松松就发了一次威，不仅驱散了时空沙暴，还让消失的壁画复原。这会儿，它的身体依旧金灿灿的，还把尾巴翘得老高："怎么样？本陛下发起威来，威不威武？厉不厉害？呜嘎嘎，呜嘎嘎，呜嘎嘎嘎嘎……"

"这里是莫高窟第323窟。"范弥胡用智能眼镜扫描之后，获取了这个洞窟的相关信息。

然而，肖小笑转了附近几个洞窟，却发现那些洞窟里的岩壁依然光秃秃的，没有壁画出现。复原的壁画，只有这幅《张骞出使西域图》。

这正是一天当中最热的时候。沙暴停止后，太阳无情地炙烤着大地，秘境探险队一连探访了几个石窟，都觉得有点儿喘不过气来。尤其是胖胖的范弥胡,他喉头发干,用嘶哑的声音对莫天天说:"在沙漠里生活可真不容易!"

"我带你们去一个解暑的地方!"莫天天说着,带着秘境探险队离开了莫高窟,走进沙漠里。就在肖小笑疑惑在沙漠里怎么解暑的时候,一汪碧绿的泉水豁然出现在他的眼前。一阵凉爽的风从水面吹来,让人心旷神怡。

这是一片绿洲,月牙形的湖面像一块碧绿的翡翠,镶嵌在金黄色的大沙漠里。

"这里是月牙泉,是我们的水源地,也是我们纳凉的地方。"莫天天介绍说。

"奇迹,真是奇迹!"田田惊呆了,她真没想到在大沙漠里竟然还会有这样美丽的景观。

月牙泉边还生长着不少郁郁葱葱的树木,秘境探险队员们坐在树下纳凉。莫天天还搬出来许多敦煌的特色水果。有阳关葡萄、李广杏、鸣山大枣、紫胭桃、白兰瓜……装了满满一筐。

有了这些消暑的水果,秘境探险队员们觉得不那么燥热了。

三足乌落在一棵树上享用美味。它开始从金乌形态变回普通形态,随着羽毛上的金光消退,三足乌的身体也在变色。但它并没有变回刚才的白色,也没有变成原先的黑

色,而是变成了红色,红得像一只火烈鸟。

三个少年诧异极了,他们议论起来。

"三足乌陛下,您怎么又变成红色了?"

"就是,刚才还是白色来着!"

"怪了嘿,红色的乌鸦,举世罕见。我们要是能抓到一只送进动物园……"

"做你的美梦吧,本陛下才不要去动物园!"三足乌训斥道,"呜嘎嘎,本陛下身为法力无边的鸟王,想变成什么颜色,就变成什么颜色,孩儿们不必大惊小怪!"

莫天天来到三足乌跟前,深深地鞠了一躬:"您就是三足金乌——敦煌秘境的守护神!爸爸说,只要全能的三足金乌念咒语,就能重新点燃七彩星云灯,保卫敦煌秘境。"

他将已经熄灭的七彩星云灯端放在一块大岩石上,请三足乌念咒语。

"咒语?呜嘎嘎,没错没错。本陛下记得,是有条咒语——叫作复燃咒语!"

三足乌飞过去,围着七彩星云灯转了两圈,煞有介事地啄了三下,口中念念有词。莫天天以为它正在念咒语,表情肃穆,毕恭毕敬。肖小笑竖着耳朵仔细一听,哭笑不得,三足乌念的是:"叽里呱啦,呜里哇啦!咒语咒语,什么咒语?不会不会,就是不会!"

最终，三足乌双翅一摆："呜嘎嘎，本陛下把咒语给忘了！"

堂堂守护神竟然忘记了咒语，莫天天急了，眼泪汩汩地流了出来。

"别着急，别着急！"三足乌滴溜溜地转动着小眼珠说，"呜嘎嘎，本陛下法力无边，会的咒语千千万万，不可能把每句咒语都牢牢记住嘛！不过，本陛下知道这句复燃咒语在哪里记载。"

"在哪里？"莫天天问。

"在莫高窟的壁画里，呜嘎嘎！"三足乌说道。它贼亮的小眼珠依次打量着四个少年，又补充道："不错，就是在壁画里——可是究竟是哪一幅壁画，本陛下却记不得了。"

肖小笑一琢磨，莫高窟里几百个洞窟的壁画全都消失了，现在只复原了一个洞窟。于是，他请求三足乌继续发威，让所有的壁画都得以复原，然后逐个寻找藏在壁画上的咒语。

"这个……"三足乌为难起来，"呜嘎嘎，时空秩序要一点点地重建，消失的壁画需要一点点复原，这是一个历史过程。"

"历史过程？"肖小笑不明白。

"看来，本陛下有必要给你们上一堂历史课。呜嘎嘎，

同学们好!"三足乌说着,啄起一颗紫红色的阳关葡萄,一口吞了下去。

"自从张骞出使西域路过敦煌之后……呜嘎嘎,敦煌葡萄真美味……公元前111年,汉武帝在敦煌设郡,还……呜嘎嘎,李广杏酸甜可口,真解馋……还在它北面修筑长城,在西面设立阳关、玉门关……呜嘎嘎,让我尝尝鸣山大枣怎么样……"

"阳关""玉门关",当这两个词进入田田耳朵的时候,她的脑中立即浮现出这样的诗句。

"劝君更尽一杯酒,西出阳关无故人。"
"羌笛何须怨杨柳,春风不度玉门关。"

它们描写的都是古代边塞的场景,而阳关和玉门关都是古代丝绸之路上的著名关隘。丝绸之路一路向西,通往西域,离开敦煌后无论如何都必须走两个关口的其中一个。

"呜嘎嘎,汉武帝还从中原移民到敦煌来居住……呜嘎嘎,真是人间美味……就这样,经过西汉、东汉三百多年的经营……呜嘎嘎,味道棒极啦……中原文化深深影响着敦煌地区。"

三足乌一边吃着美味的敦煌水果,一边讲课。末了把眼睛一瞪，大喊道："喂，我说你们几个，傻乎乎地站在这里干什么？赶紧去第148窟、第454窟、第61窟看看！"

范弥胡的智能眼镜上出现了那三个洞窟的方位。秘境探险队成员们和莫天天一起，奔跑着回到莫高窟，一起去查看。

三足乌也跟着飞了过来，它在时空口袋里装了好多水果，一边飞一边吃："呜嘎嘎，到了三国时期，魏国派了一个叫仓慈的人来敦煌做太守……好吃好吃……仓慈是一个了不起的太守，他体恤贫弱，还把土地分给贫困百姓，使粮食产量大增……美味美味……就这样，敦煌逐渐成为一片商业繁荣、粮食丰产的地区……咳咳咳……呸！"

它差点儿被紫胭桃的桃核卡住喉咙。

肖小笑、范弥胡和田田依次参观了那三个洞窟，神奇的事情发生了：壁画重新出现在原本光秃秃的洞壁上，描绘的都是当时农民耕种的场景。有的用牛拉犁耕地，有的二人协作推磨，一派生机勃勃的农作景象。

然而，他们却没有在这些壁画里找到咒语。

"我们需要复原更多的壁画，呜嘎嘎！"三足乌嚷着。

"我明白了！"肖小笑若有所思，"这就是时空重建，莫高窟中的壁画会按照时空规律依次复原。"

"按照时空规律？"范弥胡感到为难，"莫高窟有两千

多年的历史,难道我们还要在这里等上两千年把规律摸索出来吗?到那时,恐怕我们连灰都不剩了。"

"呜嘎嘎,不用担心。在华夏秘境里,时空规律与原世界有些不同。"三足乌说,"在这里,我们可以人为地加速历史进程。"

"历史还能加速?"范弥胡想不明白。

肖小笑说:"你还记得吗?今天早上石老师讲过,历史的发展有着自身规律,但也会因某些关键人物的出现而受到影响。如果我们能找到像张骞、仓慈这样关键的人物,就能加速历史的进程了。"

一想起石老师在一串"滴滴滴"的杂音中犯讲课瘾,范弥胡和田田都不禁笑了起来。当时他们哪里会想到,这句话现在成了一条关键信息。

怎样才能让历史加速呢?田田精通历史,她在心里梳理了一遍敦煌的发展历程,说道:"虽然我们现在身处魏晋南北朝时期,敦煌地区正逐渐繁荣起来。可是莫高窟的第一个洞窟和第一幅壁画都还没有复原。我们要做的,就是先找到第一个洞窟的开凿者。"

可是,谁会突然来到这沙漠地区,在一道光秃秃的山崖上开凿洞窟呢?田田想起了一个线索,便问莫天天:"这附近有没有一座会发出金光的山?"

"有！"莫天天的眼睛一亮。

十分钟后,肖小笑、范弥胡和田田深一脚浅一脚地走在金色的沙漠里,在沙漠的远处耸立着一座红棕色的山。

"那就是我们要去的地方——三危山。"范弥胡通过智能眼镜上的地图功能辨识着方向,"那座山能发出金光?"

田田深吸一口气,解释起来:"据历史记载,三危山曾发出万丈金光。公元366年,这光引来了一位名叫乐尊的僧人。他看见金光灿灿,宛如千佛闪耀,心有所悟,于是开凿了第一个石窟,从此莫高窟凿壁开窟的声响千年不绝。"

范弥胡是个崇尚科学的男孩,对这些传说持怀疑态度,他远眺三危山用科学的思维分析起来:"三危山发出金光并不是佛祖显灵,而是科学的原理。我用智能眼镜建立模型验证过,当清晨或者傍晚,太阳从某个角度照耀三危山时,就会让它闪闪发光。"

肖小笑看了一眼西边快要落山的太阳,说道:"所以,我们要赶在太阳落山前抵达三危山,想办法让它看上去金光闪闪,就能引来第一位石窟的开凿者!"

虽然已经接近傍晚时分,红色的太阳正在向西滑落,但气温一点儿也没有降低。秘境探险队在沙漠里行进了没多久,就全都大汗淋漓。范弥胡胖胖的,最怕热,他开始抱怨起来:"早知道天这么热,我就像三足乌陛下一样,选

择留在月牙泉了。在湖水里泡个澡、吃吃水果，岂不痛快？"

在出发前，三足乌说什么也不愿意在沙漠中赶路了。它从时空口袋里掏出了三件沙漠探险服，分发给三个少年。

"呜嘎嘎，本陛下大发慈悲，赐给你们这三件探险服，它们美观又舒适，遮风又挡雨，防暑又防寒，凝结了华夏星球的高科技！"

"那陛下您呢？"肖小笑一边把探险服穿在身上，一边问。

"呜嘎嘎，本陛下才不会让自己高贵的躯体深入沙漠，又热又脏，到处都是沙尘！呜嘎嘎，正所谓'运筹帷幄之中，决胜千里之外'，本陛下当然要坐镇月牙泉！"

说罢，三足乌从时空口袋里掏出来一张充气浮床，扔进月牙泉。随后，它躺在上面，身旁堆着许多水果，还戴了一副墨镜，大摇大摆地享受起了日光浴。

莫天天也没有跟着三个少年一同上路。他留在莫高窟，准备一有新的壁画复原，就马上寻找咒语。

于是，三个少年踏上了前往三危山的征程。

在沙漠里跋涉比想象中要困难得多，由于炎热的气温和特殊的地形，体力消耗比平时大得多。十分钟后，三个少年都已经累得气喘吁吁，可三危山看上去依然远在天边。

"喂，我说肖小笑，你就不能画个时空圈把我们瞬间

转移过去吗？"范弥胡吃不消了，呼哧呼哧地说。

肖小笑还没来得及回答，田田就训斥起了范弥胡："在时空错乱的区域画时空圈，可能会加剧时空错乱。万一我们没有转移到三危山，反而转移到了火焰山，那还得了？"

"我看哪，这里就是火焰山！"范弥胡实在是累极了。他再也走不动了，索性把行装撂下，一屁股坐在沙地里。还没等坐稳，他又腾地跳起来，捂着屁股大叫道："烫烫烫，屁股着火了！"

肖小笑和田田也都走不动了。田田感到头晕目眩，脑袋越来越沉，她眼前一黑，"咚"一声栽倒在了沙地里。

"嘿，田田，困了也不能睡在这里呀！"范弥胡说。

肖小笑神情却变得非常紧张："田田不是睡着了，她中暑了。"

肖小笑精通野外生存技能。他知道，在天气炎热的时候，人如果长时间在太阳之下暴晒，会使人体快速升温，体内水分大量流失，发生中暑。出现中暑迹象的时候，应该马上将人转移到阴凉处补充水分。肖小笑环顾四周，在这一望无垠的沙漠里，哪里找得到阴凉的地方呢？

肖小笑掏出水壶，想要给田田补充点儿水分，却发现水壶早已经空空如也。

"嘿嘿，不好意思，水都被我喝光了——我实在太渴了。"范弥胡说。

"啊？那可是我们所有的水！"肖小笑大跌眼镜，"在沙漠里喝水，可不能大口大口地灌，而是应该含一小口，先湿润口腔，小口慢饮。这样才能保证珍贵的水充分被人体吸收。"

一提到喝水，范弥胡突然意识到了一个问题："怪了嘿，我喝了那么多的水，可我一点儿也没出汗。"

"什么？"肖小笑警觉起来，"在炎热的沙漠，大量喝水可能导致身体温度下降过快，汗毛散热困难，从而增加中暑的风险。"

"啊？我也中——"

范弥胡话还没说完，眼前一黑，也"咚"一声栽倒在了沙漠里。

此刻，肖小笑一个人无助地站在茫茫沙漠里，面对这两个晕倒的同伴，不知道该如何是好。

小小考古学家

雨中耕作图

文物位置： 莫高窟第23窟

文物时代： 唐代

文物介绍： 该图描绘出唐代的农耕场景，生活气息十足。天空中乌云密布，时雨霏霏。一名农夫正在挥鞭赶牛耕地，另一名农夫挑物而行。田边还坐着三个人，父子捧碗吃饭，农妇亲切地注视着。

专家的考古猜想： 敦煌壁画中表现劳动的画面极多，反映了古代社会对农业生产的重视，正是发达的农业促就了灿烂的敦煌文化。

肖小笑的考古猜想： 农民的工作可真辛苦！他们还要冒雨耕作，还好他们使用了轻便的犁，这些都是他们顺应自然、改进工具的智慧成果。

我的考古猜想： _____

（17:00—19:00）

乐尊和尚

　　肖小笑真是有苦诉不出，秘境探险队这次的沙漠探险也太艰难了！沙漠环境凶险莫测，不是遇到沙暴，就是陷进流沙，现在同伴又中暑脱水。然而天无绝人之路，就在范弥胡和田田晕倒在地、不省人事的时候，一个人从沙漠深处缓缓走来。

　　那是一个和尚，他身穿一袭僧袍，一手执杖，另一只手竖掌在胸前，语气里充满了慈悲和怜悯："阿弥陀佛，两位施主恐要饮水。"

　　和尚还牵着一头骆驼，这骆驼看起来也太肥了，活像是一头驼背的熊。骆驼身上背负着行囊，脖子上还挂着一个大葫芦。和尚摘下大葫芦，晃了晃，拔开上面的塞子，准备给范弥胡和田田喂水喝。

　　然而，肖小笑见状却从地上捡起一块石头，做出威胁的样子大喝道："你，离他们远点儿！"

　　有句话叫"狗咬吕洞宾——不识好人心"，肖小笑可不是那样不识好歹的人。只是他心想：上一回田田陷进流沙的时候，时空蛊尤变化成好人来施救，结果上了他的当，害得大家像猴一样被他耍了，还差点儿跟汉使张骞打起来。这一回，大沙漠里又突然来了一个和尚，用脚上的汗毛都能猜出来，他肯定也是时空蛊尤变的，不知道这家伙又在耍什么阴谋诡计，还是小心点儿为妙！

肖小笑过去与时空蛊尤两次交锋，都没见到过他有孙悟空那样七十二变的本领。这一次他竟然变换了形象，看来上次让他逃走之后，时空蛊尤又学会了新的本领。

然而，和尚面对肖小笑的无礼行为，竟然毫无愠色，他平静地说："这两位施主喂一口水就能救活。你就算用手中的石头把我砸死，我也要出手相救。救人一命，胜造七级浮屠，善哉善哉……"

嘀，时空蛊尤装得还挺像，连气质都模仿得那么到位。肖小笑却一点儿也不上当，他心想：谁知道这和尚的葫芦里装的是什么，万一是毒药呢？于是厉声说："你先喝一口！"

和尚淡淡一笑，举起葫芦，喝了一口。肖小笑看他喝完之后没有任何异常，两个伙伴情况又如此紧急，只好让他试一试了。于是，他默许和尚分别给范弥胡和田田喂了些水。和尚又转头对肖小笑说："待在这里可不行，太阳这么毒，我们要把他们转移到背阴的地方去。"

肖小笑觉得即使眼前这个和尚就是时空蛊尤假扮，他的话也是有道理的。眼下，能救活范弥胡和田田比什么都重要。他四下张望，看见远处似乎有一块大石头。它造型奇特，就像一朵巨大的蘑菇，红色的表面在夕阳下格外闪亮。和尚也看到了那块蘑菇石，他说："我们把两位施主一

起运到石头那里,好让他们在背阴处休息。"

说着,和尚招呼肖小笑过去帮忙,把范弥胡和田田扶上骆驼。骆驼抽动了一下鼻孔,不情愿地挪动着肥胖的身躯,深一脚浅一脚地往蘑菇石方向走去。

肖小笑也有些轻微中暑的症状,所以还没走几步就张开大嘴喘起粗气。

"这样呼吸会加重肺部负担,让你感到更加疲惫。"和尚说,"用舌尖抵住上牙龈,闭上嘴巴,再试试。"

肖小笑试了试,他的呼吸果然平稳下来。不过,肖小笑一点儿也没对和尚放松警惕。和尚越是慈眉善目、和颜悦色,他就越怀疑对方心存不轨,是时空蛊尤假扮的。

蘑菇石是一块巨大的红褐色石头,表面粗糙不堪,有着一道道沟纹,就像是被怪兽用爪子抓出来似的。肖小笑知道,这是因为沙漠地带经常刮风,大风裹挟着沙子,在岩石上长年累月地打磨,从而留下了痕迹——这叫风蚀作用。

在蘑菇石下,肖小笑跟着和尚选了一处阴凉的角落,把范弥胡和田田从骆驼上扛下来,让他们在地上躺好。和尚又打开装水的葫芦,在他们的额头上滴水,帮助他们降温。渐渐地,他们的脸色不再那么苍白,开始红润起来。

可与此同时,肖小笑的脸色却越来越难看。

已经到了日落时分，红彤彤的太阳在西边的地平线上做最后的挣扎，眼看就要浸入这茫茫大漠。霞光染红了天空，与金色的沙漠交相辉映。

肖小笑望着三危山的方向茫然无措。发生了这么多事，他们已经误了时间。再过十来分钟，太阳就会完全落山，他们说什么也赶不到三危山了，这次的计划可就完全泡汤了。

趁天还没完全黑下来，和尚一刻也没有闲着。他撂下包袱，四处寻找。不一会儿，他从附近捡了一些枯草和干树枝，又从包中拿出打火石。随着火星四溅，一团篝火燃烧起来。紧接着，和尚又从包袱里摸出锤子和凿子，走到巨大的蘑菇石下，叮叮当当地凿起来。

"你在干什么？"肖小笑问道。

"准备在这里过夜。想法子遮风、避寒。"和尚含混地说着，手的活不停。

遮风？避寒？肖小笑以为和尚也中暑了，在说胡话。在他的认知里，沙漠是炎热的地方。尽管现在天已经快要黑了，但空气依然燥热得很，一丝风也没有。遮什么风？避什么寒？

叮叮——当当——

范弥胡和田田被嘈杂的声音惊醒了，他们睁开眼睛，茫然地看着眼前的一幕。田田的目光落在了和尚身上，她努力辨认着。突然，她露出了惊喜的表情。

"乐尊和尚！"田田惊呼道。

"正是贫僧。"和尚回应后，又马上低下头专注手里的活儿。一凿子一凿子地凿着石壁。

肖小笑惊讶地问："田田，你怎么会认识这个人？"

田田先摇摇头，又点点头，说："据唐代《圣历碑》记载，公元366年，一位法号为乐尊的僧人来到敦煌，开凿了莫高窟的第一个洞窟。你看他现在开凿石壁的样子，一定是大名鼎鼎的乐尊和尚！"

肖小笑一拍脑门，顿时醒悟过来：哎呀呀，瞧我这脑子！我一心只惦记着赶往三危山，制造金光，吸引来莫高窟最初的开凿者。没承想，那个人我已经遇到了，却被我当成了时空蚩尤一路提防，我真是有眼不识泰山！

肖小笑看着乐尊和尚开凿石壁的样子，问道："莫高窟七百余个洞窟，哪一个才是乐尊和尚开凿的第一窟呢？"

"乐尊和尚开凿的第一窟现在已经无从考证了，在目前存留的洞窟里，最早有明确建窟纪年的石窟是西魏第285窟，比第一窟晚得多呢。"田田说完突然醒悟道，"怪不得找不到第一窟，原来它深藏在这沙漠中！"

田田就像是第一时间赶到了事发现场的新闻记者，围着乐尊和尚团团转，要对他进行采访。

田田问:"请问,您从什么地方来?"

乐尊和尚答:"贫僧从东方而来。"

田田又问:"东方可是繁华的地方,您为什么要到这荒芜的沙漠里来?"

乐尊和尚答:"贫僧想要寻找一处佛门清净之地来专心地钻研佛法。"

田田追问道:"这么说来,您开凿石窟就是为了钻研佛法?"

乐尊和尚扭头看了一眼田田,说:"非也非也。施主,寒风就要来了,如果不赶紧凿窟躲避,恐夜深时我们都将冻死在此地!"

说完,乐尊和尚又叮叮当当地凿了起来。

寒风?肖小笑这才感觉到,沙子已经不再滚烫,太阳落山没过多久,温度已经迅速下降。

范弥胡这个"科技男孩"解释了起来:"比起空气,沙子升温快,降温也快。太阳一落山,沙子就会很快变凉,而空气还是热的。"

田田却满不在乎地说:"夜里能冷到哪里去?夏天的夜里还不是照样很热。"

"这里是沙漠,和中原地区不一样。"范弥胡继续给大家科普其中原理,"沙漠就像是一个天然的大型蓄电池——白天,阳光炙烤着沙漠,沙漠会吸收大量的热量;到了晚上,沙漠会缓慢释放热量到周围环境中，同时沙漠中原本就不多的水也会蒸发。这样一来，晚上沙漠地面附近的空气温度会升高，空气密度就会变小，于是，空气就会从其他地方补充进来，从而形成风。风带走热空气，又把冷空气补充进来……"

"这都什么乱七八糟的？"田田越听越糊涂。

肖小笑却听明白了，他感觉不妙："你是说，到了晚上，沙漠不仅会刮寒风，而且风还会很大？"

这时，天边传来了"轰隆隆"的声响。大家抬头一看，天边腾起了一团黑云，已经遮住了部分星空。

"要下雨了？"田田问。

"不，那不是乌云。"肖小笑的神色严峻，"伙伴们，我们又遇到沙暴了！"

这场沙暴来势汹汹，就像一个吞噬万物的恶魔，不一会儿就遮盖了半个天空。风越来越大，裹挟着沙子，打得三个少年的脸生疼。那匹肥骆驼早就做出防御姿态。它俯下了身子，背对沙暴袭来的方向。

风力越来越强，肖小笑快要站不稳了。他一手拉着范弥胡，一手牵着田田，来到乐尊和尚跟前。

"幸好乐尊和尚提前开凿了洞窟。不然这么大的沙暴，要是没有躲避的地方，那可怎么办呀！"

然而，乐尊和尚此时却眼神冰冷，仿佛是另外一个人，语气也变得阴森森的："你们说得没错，这里的确是乐尊和尚开凿第一窟的地方。不过嘛，这个洞窟只能容下一个人进来躲避，保住他的性命。问题来了，你们三个谁进来呢？"

肖小笑、范弥胡和田田呆呆地望着乐尊和尚，对他刚刚说的话一头雾水。

乐尊和尚把手放进嘴里，吹了个响亮的口哨。骆驼听见了，一扭一扭地走了过来。

肖小笑这才看清，这哪里是骆驼，分明是时空蚩尤的坐骑——食铁兽。食铁兽是一只大熊猫，可它毛发却不知为何成了棕色，看起来还真像一只肥胖的骆驼。

时空蚩尤骑在食铁兽身上大笑道："你们想找乐尊和尚？可惜来得晚了点儿！他开凿完石窟，在此修行了一段时间，又云游四方去了。我把你们引到这沙漠腹地，就是为了让你们好好享受享受这时空沙暴，不要再坏了我的计划。秘境探险队，祝你们好运吧！"

那一刻，肖小笑体会到了什么是"防不胜防"。提防了时空蚩尤一路，最终还是被他骗了。肖小笑心里那个火呀！但眼下凶猛的沙暴正向他们袭来，哪还有工夫去后悔呀。

秘境探险队有三个人，可现在洞窟却只能容纳一人避身。在平时，他们经常因为一件小事争执不下，尤其是范弥胡和田田这一对"冤家"，有事没事总要争个高低。可真的到了关键时刻，他们俩反而相互体谅，谦让起来了。

"田田，你是女生，身单力薄，你躲进去！"

"哼，瞧不起我们女生怎么的？当然是胆子小的躲进去！"

很快，风暴就大得让他们连嘴也张不开。沙子随着狂风到处飘散，直往三个人的鼻孔里钻。肖小笑、范弥胡和田田谦让了半天，谁也不钻进石窟，干脆都抱着头趴在沙地里。

沙漠中回荡着一种空灵的声音，好像有一把极细的电钻在快速地穿透金属。肖小笑听说过，这是"沙漠之歌"，是被风吹起的沙子相互摩擦产生的。此时此刻，肖小笑感觉这就是死亡之音。

"我们死定了！"肖小笑绝望地想。

就在这时，一个熟悉的声音在耳畔响起："呜嘎嘎，瞧你们三个怕死鬼，每次都要本陛下出手相救。"

是三足乌！

紧接着，一团强烈的光从黑夜中钻出，金灿灿，暖烘烘。肖小笑、范弥胡和田田都被这温暖的金光包围了。不一会儿，金光散去，沙暴完全消失了，沙漠里一片宁静，星星又缀满了天空，几朵云悠然地在夜空漫游，仿佛一切都没

发生过。

肖小笑、范弥胡和田田失魂落魄地从沙丘上爬起来,望着金光熠熠的三足乌在天空中盘旋。

"呜嘎嘎,时空沙暴只不过是时空蚩尤的小把戏而已,本陛下只要小小地发个威,就可以把它驱散!"

范弥胡不禁感叹起来:"嘿,三足乌陛下,你可真是神通广大!过去想见你发一次威都不容易。来到这沙漠中倒好,这都发了两次威了!"

肖小笑和田田纷纷称赞三足乌,就连三足乌自己也暗暗高兴。在敦煌秘境里,那股神奇的宇宙能量让它可以随意发威,这种感觉真是太棒了。

"呜嘎嘎,本陛下想什么时候发威,就什么时候发威!"三足乌又吹嘘了起来,"你们几个嘛,虽然狼狈了点儿,但表现也不赖,成功找到了莫高窟第一窟的线索,把错乱的敦煌秘境又向前推进了好多年。呜嘎嘎,咱们赶回莫高窟,看看那里现在是什么样子了。"

三足乌飞在前头带路。可它一边飞着,身上的金光却一边消退。直到它完全变回普通状态时,展现在三个少年面前的是一只橙色的乌鸦。

"三足乌陛下又变成橙色了!"肖小笑说完,神情又马上从惊讶转为平淡,似乎对三足乌这段时间以来的奇怪变化见怪不怪了。

为什么现在每次发威之后都会变色,就连三足乌自己也说不清楚。

过去范弥胡对三足乌一向不怎么礼貌。但自从这两次被三足乌从困境中解救后,他对三足乌的态度变得恭敬无比,一口一个"陛下"地叫个不停。

"威力无比大显神通的仙女星系华夏星球百鸟之王三足乌陛下呀!"范弥胡一口气给三足乌加了好多头衔,"您不辞劳苦穿越沙漠来救我们,那莫天天呢?"

"呜嘎嘎,莫天天在莫高窟,继续寻找壁画上的咒语。"三足乌说完,却看见远方的黑暗中有个小小的人影。它瞧了瞧,说了一声"不好",便快速飞向前去。肖小笑、范弥胡和田田也紧跟着跑上前去,这时他们才发现,那个人影正是莫天天!

"不好了!"莫天天踉踉跄跄地跑过来说,"莫高窟被——被土匪——占领了!"

小小考古学家

五百强盗成佛之官兵与盗贼鏖（áo）战

文物位置： 莫高窟第285窟

文物时代： 西魏

文物介绍： 原图共有七个情节，各配以不同场景。前部是征剿和行刑，后部是强盗皈依，各占画面的一半。图中展现的是"官兵与盗贼鏖战"的经典场景。

专家的考古猜想： 图中官兵着铠甲，军马披装具，五百强盗着短裙靠衣，一手拿盾牌，一手执刀戟，正展开厮杀。

肖小笑的考古猜想： 这生动得像是漫画！在我眼中，整个敦煌壁画"连载"了千年，是世界上历史最悠久的"漫画"。

我的考古猜想： _____

秘境戌时
（19:00—21:00）

保卫敦煌

三个少年赶紧上前搀扶莫天天,让他坐下来休息。渐渐地,莫天天的情绪平稳下来,讲起事情发生的经过。原来,就在三足乌离开之后,莫高窟又有几幅壁画复原,莫天天忙着在复原的壁画上寻找咒语,却一无所获。忽然,他听到了进攻的号角声和战马的奔腾声,他钻出洞窟一看,外面来了一伙儿土匪。这伙人借着沙暴偷袭了莫高窟,把那里占领了。

"那不是普通的土匪,他们是柔然人。"莫天天说。

"什么是柔然人?"肖小笑问。

"柔然是历史上活跃在中国北方的一支游牧民族,他们曾经长期称霸北方草原,是北魏王朝的劲敌。"田田解释起来,"据说,花木兰的故事背景就是北魏与柔然打仗的历史。"

柔然人来到莫高窟之后,挨个洞窟搜查起来,似乎在寻找宝藏。莫天天找不到可以避身的地方,便躲在一个洞窟的角落,耳朵听着柔然人的脚步声越来越近。正在这紧急时刻,一个魁梧的大汉从旁边的洞窟里钻了出来,挡住了柔然人的去路。

"站住,这里是北魏王朝的国土!"那个大汉厉声喝道。

那些柔然人似乎认识这个大汉,他们喧闹起来:"韩秀,原来是你呀！我早就听说过你，咱们是一家人呀，等发现财宝，我们一起分！"

"哼！"韩秀轻蔑地说，"我是北魏的官员，这一点永远不会改变。在北魏的政权下，百姓现在都积极学习中原文化，说汉话、穿汉服、改汉姓，皇帝还将都城迁移到了洛阳。可不像你们现在这样，只知道抢夺财宝和土地，哪里懂得博大精深的礼仪文化。"

柔然人顿时恼怒无比，喝道："韩秀，既然你那么效忠北魏，就回到中原去吧，把敦煌让给我们！"

就在双方争执不下的时候，莫天天偷偷地从洞窟中溜了出来，赶紧去找秘境探险队。

"那个叫韩秀的人，到底是谁呀？"肖小笑问。通过刚才莫天天的描述，此时肖小笑对这个人充满了敬佩，觉得他是个有胆识的人。

精通历史的田田立刻想到北魏时期有一个叫韩秀的名臣。当时敦煌饱受侵扰，朝中不少大臣认为敦煌地处偏远，担心城镇防守不牢固，建议把边界后撤至凉州。但韩秀据理力争，他认为这样做不妥，敦煌的士兵训练有素，完全有能力保住敦煌。假如放弃敦煌，则会招致敌寇入侵，成为国患。最终孝文帝听从了韩秀的意见，敦煌才得以坚守。

"韩秀是坚守敦煌的功臣!"田田急切地问,"他怎么样了?"

"韩秀誓死不愿意离开敦煌,被柔然人抓住了,还要处置他!"莫天天着急地说。

听到这里,肖小笑、范弥胡和田田相互对视了一眼,然后异口同声道:"咱们去救韩秀!"

"对对,呜嘎嘎,救他救他。"三足乌也附和着。

借着皎洁的月光,秘境探险队返回月牙泉。他们从一座沙丘上探出头来,看见月牙泉附近燃起了几堆篝火,许多身穿胡服的柔然人正围着篝火载歌载舞,大声喧闹。而有一个人正被捆绑在不远处的一棵树上,他就是韩秀。

一个柔然人朝韩秀走去。他上下打量了一番韩秀,嘲讽道:"瞧瞧你现在这副狼狈的模样,还如何守卫敦煌?还是加入我们吧,吃香喝辣,享尽荣华。"

韩秀却倔强地说:"哼,你们只知道贪图享乐,我和你们的志向不同,你我有着云泥之别。"

这句话激怒了那些柔然人,他们叽里呱啦地叫嚷着,把韩秀的衣服撕破,让他赤裸上身。

随后,他们对韩秀恶狠狠地说:"现在,你有两个选择。要么加入我们,要么就等着在这沙漠的冷夜中冻死吧!"

说罢,柔然人大笑着走开,继续围着篝火跳舞去了。

一阵寒风吹来，肖小笑冻得打了个哆嗦，范弥胡和田田也都冷得牙齿打架。他们穿着三足乌提供的高科技沙漠探险服，尚且冷得不行，更何况赤裸上身的韩秀了。

"咱们得赶紧想办法救出韩秀，要不他会被冻死的。"田田眼巴巴地看着三足乌，"三足乌陛下，您老有什么高见。"

一听到"高见"这个词，三足乌立即两眼放光，兴奋不已。

"呜嘎嘎，本陛下当然有高见！俗话说，三十六计，走为上……呸呸呸，这招当我没说。对了，咱们应该采用调虎离山之计。呜嘎嘎，我们派出一名诱饵，引开那些柔然人，其他人就可以跑过去救韩秀啦！呜嘎嘎，可是该派谁当诱饵呢……喂喂，你们都看着本陛下干吗？"

三足乌只顾着眉飞色舞地讲它的"作战方案"，却没发现当说到"诱饵"时，几个少年都用齐刷刷的目光盯着它。显然大家都觉得由三足乌来充当诱饵再合适不过啦。柔然人喜欢在大漠里骑马射箭，一只大乌鸦飞过去，他们肯定会把它当成猎物，这样不就成功转移他们的注意力了嘛！

范弥胡还在一旁添油加醋地说："我说陛下呀，这项艰巨的任务非你莫属呀！不过嘛，这天乌漆墨黑的，柔然人可能看不清楚，你就干脆发个威，放出光来，让他们也见识见识陛下您的风采！"

"呜嘎嘎，那本陛下岂不就成了活靶子！"三足乌抗

议道,"你看那些人的弓箭,多么锋利,射我还不跟串糖葫芦似的?喂喂,你们几个没良心的,不能这么对待本陛下,本陛下可是尊贵无比的鸟王!"

就这样,三足乌一边抱怨着,一边被大家推出去真的当起了诱饵。它飞向月牙泉,在半空中飞翔的同时发起威来,顺利变成了一只浑身金光的乌鸦。那金灿灿的光立即吸引了柔然人,他们叽里呱啦地叫嚷着,纷纷抄起弓箭追击而去。

看着三足乌顺利把柔然人引开了,肖小笑和伙伴们也行动起来。他们来到月牙泉,帮冻昏了的韩秀松了绑,并帮他穿好衣服,再一起把他抬到篝火旁取暖。

韩秀快要被冻僵了,发起了高烧,整个人迷迷糊糊的。他的嘴唇翕动着,似乎想要说些什么。肖小笑把耳朵贴在韩秀的嘴边仔细地听,依稀能够分辨出韩秀的话:

"保卫敦煌……"

"保卫敦煌……"

"保卫敦煌……"

韩秀虚弱至极,却用尽浑身力气使这四个字坚如钢铁。肖小笑的眼前仿佛浮现出了当年拿起武器的北魏军队,抵抗柔然人入侵的情形。如果没有韩秀力排众议坚守敦煌,恐怕历史都要从此改写了。肖小笑、范弥胡和田田对他的

敬意又增了几分,韩秀真是个英雄!

肖小笑赶紧对韩秀说:"放心吧,我们会和你一起守护敦煌!你好好休息,接下来就交给我们吧。"

"真的?"韩秀微微睁开眼睛,嘴角上扬,露出了会心的笑容。

肖小笑走进了一个满是壁画的洞窟。这是莫高窟第285窟,绚丽的壁画从四壁一直延伸到窟顶,占据了每一寸洞窟。

这简直是巨幅"漫画"!肖小笑来了兴致,他眯着眼睛仔细观察,想瞧瞧讲的是什么故事。在洞窟一个角落,他有了发现,不禁大喊起来:"瞧,这里有两伙人在打架!"

画面上两队人马看起来完全不同。一边是穿着黑衣、面目可憎的人,他们大多一手持刀、一手举着盾牌,看起来像是强盗;另一边,一队骑兵正在与之厮杀,他们骑着白马、身穿铠甲,看上去英勇无比。

范弥胡凑了过来,他似乎看出了点儿门道:"我猜,这幅壁画描绘的就是北魏军队与柔然人作战、守卫敦煌的场景。"

这番话却遭到了田田的白眼,她说:"这幅画呀,与韩秀没有关系。它是关于五百强盗的故事画。相传在古代南印度有一个王国,有五百个强盗占山为王,经常结伙拦路抢劫,滥杀无辜。国王选派了精兵强将前去镇压,强盗寡不敌众,战败被俘。"

在秘境探险队的眼里，这些静止的壁画已不再是漫画，简直就像一部生动精彩的动画片，故事的情节一一展现在眼前。再往后看，强盗们被官军俘虏，一个个接受审讯，遭受刑罚。

然而，肖小笑眼睛都看花了，还是没有在壁画上找到咒语。

"唉，我们要是能遇到莫高窟这幅壁画的创造者就好了，他一定知道哪幅壁画上有咒语。"肖小笑说。

"莫高窟壁画的创造者，我知道！"田田说，"他们是供养人。"

"供养人？"范弥胡问。

"供养人就是出资建造莫高窟的人。洞窟完成之后，供养人会把自己画进壁画。"田田说。

然而，壁画上的人物有几百人之多，姿态各异，哪些才是供养人呢？肖小笑陷入了迷茫。

田田想了想说："不同历史时期的人物形象着装风格有所不同。北魏虽然是鲜卑建立的，可他们崇尚中原文化，会着汉服。我们先找到穿汉服的人，他们可能就是供养人。"

几个人在壁画上寻找起来。汉服的特征就是宽袍大袖，他们最终在壁画上找到了几名身穿汉服的人物形象。这些形象有男有女，一个个端庄大方，笑容可掬。

"这些人应该就是供养人了。他们太伟大了,出资营建了莫高窟!"肖小笑对供养人敬佩不已。

范弥胡却不能理解供养人的行为,他粗声粗气地说:"我要是有了大钱,肯定天天吃好的、喝好的、玩好的,供养人放着好日子不过,为什么会跑到沙漠里开凿石窟呢?我可真想不通!"

田田刚想针对范弥胡的言论发表一些观点,却听见背后传来了陌生的声音:"我们建好莫高窟,就能举办万国博览会了呀!"

转头一瞧,几名身穿汉服的人正站在他们的背后,他们看上去谦和有礼,想必就是供养人了!这些供养人走上前来,纷纷向秘境探险队施礼。然而,在听了肖小笑他们寻找咒语的事情后,他们面面相觑。

"哎哟,这些壁画不是一天画成的,也不是一个人画成的,而是凝结了许多代人的心血。至于哪幅壁画上藏有咒语,连我们自己也说不清。"其中一名供养人说。

肖小笑有些失望,只好又问:"你们刚才说的万国博览会是什么呀?"

供养人说:"韩秀成功守卫敦煌之后,敦煌得以发展起来。到了隋代,敦煌地区的商贸更加繁荣了,莫高窟的洞窟也越凿越多。隋炀帝任命裴矩为吏部侍郎,联络二十七国，邀请他们来参加贸易大会，这就是著名的万国博览会。这场万国博览会对敦煌地区意义重大。在这里，你们可以看到来自各个国家的使者、商人，可热闹了！"

正说着，洞窟外传来了嘈杂的声音。肖小笑奔出洞窟，四处张望。虽然正值夜晚，但月色明朗，将四处照得宛如白昼。嗬，月牙泉来了一伙人，他们举着火把，牵着骆驼，骆驼上还驮着许许多多的包袱，包袱都装得满满当当。

"我们受到邀请，专程从西域来参加万国博览会。请问这里是什么地方？"一个头上戴着奇怪帽子的人大声问道。他的帽子有点儿像是米老鼠的魔法帽。

"这里是敦煌！"肖小笑大声回答。

听到肖小笑的话，驼队里传出一片欢呼声。

"这里就是敦煌，太好了！"

"我们终于到了！"

"我日思夜想的地方！"

随即，"魔法帽"指挥手下把货物从骆驼上卸下来，他们燃起篝火，把月牙泉映照得闪闪发亮，又铺开一张张大毯子，把货物都铺在上面，每个人盘腿坐在毯子上。

"我们带了上等的西域特产！"

他们热情地介绍着。一时间，月牙泉畔成了集市一般，热闹极了。

小小考古学家

于阗公主供养像

文物位置：莫高窟第61窟

文物时代：五代

文物介绍：莫高窟现存供养人画像超九千身，于阗公主李氏是其中之一。她是沙州归义军节度使曹延禄之妻，华丽的服饰彰显出她的尊贵地位。

专家的考古猜想：在敦煌石窟的经变画下，往往描绘敦煌世家大族成员及其部属群像，形成浩浩汤汤的供养人行列。他们为了家族声望和个人信仰而建造石窟。

肖小笑的考古猜想：我猜莫高窟中藏着一个神秘的宝藏，一千多年间引得无数人来到沙漠寻宝。供养人营建石窟是为了遮人耳目，寻找宝藏才是真实目的。

我的考古猜想：_____

秘境亥时
（21:00—23:00）

万国博览会

第二天,肖小笑、范弥胡和田田走到西域商人跟前,好奇地打量着那些货物。有造型奇特的罐子,有金光灿灿的宝灯,还有花纹精致的羊毛毯。三足乌也飞了过来,对这些精美的西域货物赞叹不已:"呜嘎嘎,本陛下也要买一些,带回华夏星球,让鸟儿们开开眼!"

今天,三足乌又变成了绿色。对于这种变化,肖小笑和两个伙伴已经见怪不怪,可西域来的客商却对变成绿色的三足乌稀奇得很。

"中原王朝可真让我们开了眼,我这辈子从没见过绿色的乌鸦!"

"就是,我还以为天下的乌鸦一般黑。"

三足乌最喜欢受到关注了,它把尾巴翘得高高的:"呜嘎嘎,没想到西域来的人对本陛下这么恭敬!"

肖小笑、范弥胡和田田继续逛万国博览会。

"嘿,这不是胡萝卜吗?"范弥胡走到了一个蔬果摊跟前疑惑地问,"怎么回事,万国博览会变成了菜市场吗?"

田田却凑过来说:"据说,胡萝卜本是西域的物产,是张骞出使西域之后,才把它带回了中原,后来逐渐成为中原地区常见的蔬菜。中国古人曾把北方及西域各族泛称作'胡',所以从西域传来的东西也就带上了'胡'字,比如胡椒、胡琴、胡玉……"

"胡说吧你！"范弥胡小声嘟囔着。

田田抿着嘴嗤嗤一笑："听说'胡说'这个词也与西域有关，当时的中原人听不懂他们说话，就称之为'胡说'。"

接着，田田又在蔬果摊上发现了更多西域特产：葡萄、核桃、石榴、蒜……这些都是田田家餐桌上常见的蔬果，据历史记载，它们都是从西域传过来的。商人们还带来了加工后的特色农产品：一队来自西域的使者带来了他们制作的葡萄酒，大家争先恐后地品尝，香醇浓郁，令人回味无穷。

西域客商源源不断地来到月牙泉，他们有的骑着马，有的牵着驴，还有一批远道而来的客商，他们竟然骑着大象。这些动物聚在一起，有的闷头吃草，有的到处溜达，有的扑通跳进了月牙泉，放肆地洗起澡来。

"嘿，这算什么万国博览会，简直是万国动物园！"范弥胡乐呵呵地说。

"呜嘎嘎，别光顾着开心，要随时保持警惕。"三足乌叼着一串葡萄飞到范弥胡的头顶，一顿美餐过后，它把葡萄皮"赏"给了范弥胡，并叫嚷着说，"本陛下闻到了食铁兽的气息，它可能混进万国博览会里来了！"

说着，三足乌振翅高飞，盘旋在空中巡逻。

食铁兽混进了万国博览会？这可不是没有可能的。肖

小笑、范弥胡和田田立刻紧张起来，四处张望。仿佛眼前的每一只动物，都有可能是食铁兽变来的。

忽然，一声震耳欲聋的咆哮传来，那些原本悠闲自得的动物纷纷惊叫起来，四处逃窜——竟然来了一头凶猛无比的狮子！

狮子发了狂，东扑西窜。现场立刻一片混乱，人们再也顾不上什么万国博览会了，纷纷躲避，各种货物散乱一地。混乱之中，范弥胡被绊倒在地，眼看狮子朝自己扑过来，情急之下他便把一个竹筐罩在头顶，哇哇大叫着："别吃我，我的肉又硬又臭，一点儿也不好吃！"

没想到狮子却一跃而起，从范弥胡身上跳了过去。紧接着，一匹壮硕的大白马跑了出来，也从范弥胡身上跳了过去，毫不畏惧地紧追着狮子。

一匹马在追一只狮子！肖小笑、范弥胡和田田都难以置信地看着这一幕，觉得太不可思议了。肖小笑忽然想起来：在中国古代，狮子是通过西域使节传入中国的，这只狮子又是从哪里冒出来的呢？难道这次有人带了狮子来？

"它肯定是食铁兽变的！"范弥胡脱口而出。

"呜嘎嘎，还是让本陛下来解决它！"三足乌自告奋勇地说。它这只来自华夏星球的鸟王，似乎对挑战地球上的百兽之王充满了兴趣。于是，它张开翅膀俯冲过去。

肖小笑、范弥胡和田田都目不转睛地盯着三足乌。他们猜测，三足乌这次一定又要发威了。

"喂，狮子，本陛下驾到，还不快跪下迎接！呜嘎嘎！"三足乌冲狮子叫嚷着。

狮子看见一只大乌鸦"呜嘎嘎"地冲它叫嚷，当时就被激怒了。它先是伏在地上，然后后腿微微发力，就在肖小笑、范弥胡和田田都以为它真的要向三足乌"跪下"的时候，狮子猛地蹿起来，伸出利爪扑向半空，张开血盆大口，一口咬住三足乌。随后，狮子稳稳落地，打了个滚儿，嘴里叼着软绵绵的三足乌。

肖小笑、范弥胡和田田全都傻眼了。

"三足乌陛下……就这么……被狮子……吃了……"肖小笑被吓得目瞪口呆。

"它可是华夏星球的鸟王陛下！"田田也不敢相信眼前的这一幕。

"我以为它是战无不胜的。"范弥胡一脸茫然地说。

随后，他们异口同声道："不行，咱们得去解救三足乌陛下！"

三个少年纷纷在散乱的货物中挑选合适的"武器"，肖小笑捡起一根长棍，范弥胡摸起一个耙子，田田拿起一把斧子，准备接近狮子。狮子见到了手拿"武器"的三个少年，反倒胆怯起来，伏在地上一动不动。

就在这时，一群身穿长袍，头戴头巾的人冲了过来。

"打不得，打不得！"他们喊道，"它不是野蛮的狮子。它可乖了，不会伤害人的。"

狮子低下头，把三足乌从嘴里吐了出来。三足乌像一团棉花一样瘫软在地，看上去已经没有了生命迹象。肖小笑壮着胆子，跑到狮子跟前把三足乌给抱了回来，平放在一块大石头上。范弥胡和田田忧心忡忡地围了上来。

"三足乌陛下怎么没有发威呢？"

"这不可能！三足乌陛下平时那么厉害！"

自从来到敦煌秘境，三足乌的表现特别神武，说发威就发威，一点儿也不像以往那样"磨叽"。可这次是怎么了，三足乌一点儿威力都没使出来。他们不断回想起刚才的那一幕：可能是因为狮子太厉害了？也可能是三足乌轻敌了？总之，三足乌还没来得及发威，就被狮子击败了。

三个少年悲伤不已，他们哭着哀悼起来。

"三足乌陛下，您永远是地球的守护神！"

"三足乌陛下，您永远是华夏星球的鸟王陛下！"

"三足乌陛下，您永远受到全宇宙的爱戴！"

他们只顾着伤心，却没有注意到此时正躺在大石头上的三足乌眼睛微微睁开了一条缝，但又迅速地合上了。

"咦,我怎么觉得三足乌陛下动了一下?"范弥胡揉了揉眼睛说。

察觉到不对劲的田田赶紧对三足乌做了一番检查,检查后她不禁扑哧一下笑了。

"陛下一点儿也没有生命危险。"田田捂着嘴巴偷笑说,"它八成是吓晕了过去。"

"呜嘎嘎,谁说本陛下吓晕了!"三足乌睁开眼睛,在三次尝试起身失败之后,它终于用腹下那只足颤颤巍巍地站起来,"本陛下只是想考验考验你们是不是真的忠诚可靠,这才使用了三十六计中的假死之计。"

肖小笑、范弥胡和田田一起摇摇头,他们都知道自大的三足乌又在"嘴硬"了。

其实,刚刚三足乌正准备积聚宇宙能量,再次发威变身。可能量才积聚到了一半,忽然它像被戳破了的气球一样开始泄气。三足乌不知道这是怎么了,慌乱之中被狮子叼起,吓晕了过去。虽然没能成功发威,但经历了此事的三足乌又变了颜色,成了一只黄色的乌鸦。

三足乌故作镇定地说:"降服这头狮子,对本陛下来说易如反掌。但本陛下向来不喜欢以武力治人,本陛下要感化它、收服它,你们懂吗?"

肖小笑、范弥胡和田田都知道这是三足乌在找借口,想为自己挽回颜面。不过，既然三足乌顺利脱险，安然无恙地回到他们身边，他们就知足了，所以也不去戳穿三足乌的大话啦。倒是那几名穿着长袍的人看到一只口若悬河的乌鸦，左一句"本陛下"，右一句"本陛下"，他们都显得很兴奋。其中一个人走上前来，对三足乌连连施礼。

"这么说来，您是皇帝陛下？"

"呜嘎嘎，当然是！"三足乌大言不惭地说，它还故意展示了自己明黄色的羽毛——在古代，只有皇帝才能使用这种颜色。

"太好了！"穿着长袍、戴着头巾的人开心极了，"我们是来自波斯的使者，这头狮子是我们带到中国来准备进献给皇帝陛下的礼物！"

说着，他们又开始引导狮子朝三足乌行礼。

熟知历史的田田立刻就明白了。她说："唐开元十年，也就是公元722年，波斯使者向大唐进献了一头狮子——波斯就是今天的伊朗。"

"嘿，我只听过波斯猫，今儿个是第一次见到波斯狮。"范弥胡说。

"再告诉你一个'冷知识'，波斯猫的原产地并不是波斯，而是英国。"田田说。

听到这头狮子是进献给皇帝的礼物，三足乌显得很开

心。三足乌判断，刚才狮子只是扑倒了自己，却没有伤害自己，狮子一定是被自己的强大气场震慑住了。于是，它壮着胆靠近狮子，又飞到它的头顶。这时的狮子一点儿也没有耍威风，眼神流露出善意和温柔。

三足乌对狮子的毛发颜色赞叹不已："瞧这金色的毛发，跟本陛下多般配呀！"

在月牙泉畔，商人边把散乱的货物整理好边大声叫卖，月夜下一片繁华景象。肖小笑却陷入了深思：如果这头"波斯狮"不是食铁兽变的，那食铁兽又在哪里呢？他仔细观察那一匹匹骆驼、一头头大象，都没发现可疑的地方。

忽然，一声嘶鸣传来，是刚才追逐狮子的那匹白马。有人追着白马大喊道："这是谁家的马呀？它偷了我的胡萝卜！"

天哪，难不成食铁兽是那匹白马？

皓月当空，一头狮子疾驰在沙漠上，肖小笑、范弥胡和田田正坐在狮背上。他们从来没骑过狮子，全都紧紧地抓住狮子的鬃毛，感觉既兴奋又刺激。

与此同时，白马正在大漠上奔跑，白色的身影在夜幕中格外显眼。

"咱们就这么跟着，它一定能把我们带到时空蚩尤的老巢！"肖小笑扭头对两个同伴讲。

这正是秘境探险队的计划：既然食铁兽出现了，只要跟着它，就能找到时空蚩尤。

三足乌一边在天空上飞翔，一边为狮子指引方向。

"呜嘎嘎，左转！"

"呜嘎嘎，右转！"

"呜嘎嘎，跳过那条沟！"

"呜嘎嘎，停！"

狮子猛然刹住脚步，在悬崖边上紧急停了下来。此时它脚下的许多碎石纷纷滚落悬崖。肖小笑、范弥胡和田田毫无防备，被惯性甩向前方，眼看即将被甩下悬崖，他们惊叫着挥手乱抓。结果，田田抓住范弥胡的一条腿，范弥胡抓住肖小笑的腰，肖小笑抓住了狮子下巴上的鬃毛。

狮子后撤了几步，总算把他们从悬崖边上拉了回来。几个人瘫倒在地，一边大口喘气，一边向三足乌抗议。

范弥胡抱怨起来："喂，瘸腿乌鸦陛下，你导的什么航，差点儿把我们导到沟里去了！"

"偶有失误，纯属正常！呜嘎嘎！"三足乌又为自己找借口。

肖小笑走到悬崖边上，借着月光打探。前面是一道峡谷，那匹白马已经不见了踪影，难道它跳过了峡谷？肖小笑向远处眺望，发现峡谷还挺宽阔，白马不可能跳过去。

"咱们到峡谷下面去找一找!"肖小笑一边说着,一边招呼同伴准备攀岩绳索等工具。

几分钟后,秘境探险队安顿好了狮子,慢慢向峭壁下面探索。峡谷并没有想象中那么陡峭,岩石上有许多沟壑和凸起,可以方便大家脚踏手扶。肖小笑一边爬一边向下观察,他看见下方一个白色的影子闪过。范弥胡和田田也看见了,他们同时喊了起来。

"它在那里!"

"那里有一个山洞!"

看着山洞里的白马,肖小笑、范弥胡和田田都相信这就是时空蚩尤的老巢了。等到他们一点点接近山洞,偷偷探头向山洞里面一瞧,这下三个少年更加确信无疑了。

山洞里端坐着一个和尚,正在一本正经地敲着木鱼呢!一盏昏暗的油灯将他那光秃秃的脑门照得很亮。

范弥胡耸耸肩:"看样子,今天时空蚩尤跟和尚耗上了!"

见到了白马,和尚放下木鱼,嗔怪道:"你跑到哪里去了?害得我好着急!哎呀,你带了食物回来,真是我的好白马!咱们赶紧吃饱,等明天天一亮,就可以上路了。"

和尚津津有味地吃起来,一点儿都没发现洞口有三个正在商量着怎么对付他的人!

肖小笑向四周观察了一番,看见山洞上方有一块巨大的石头,应该是从崖顶滚落下来的,正好被一根枯树干卡在那里,颤颤巍巍,摇摇欲坠。看起来,不用费很大力气就能轻松把巨石推落下来。

"咱们去把那块巨石推下来,堵住山洞,把时空蛊尤封在里面!"肖小笑提议。

三个少年一起爬过去,试着折断树干,让巨石落下。结果他们发现枯树干比想象中坚固。枯树干像弹簧那样倒来倒去,根却牢牢地扎在悬崖峭壁的缝隙中,就是断不了。

"呜嘎嘎,加油!呜嘎嘎,加油!"三足乌在空中叫嚷着。

"我说陛下,您别光加油呀!"肖小笑说,"您老就发个小威,帮我们把巨石推下去吧!"

三足乌近来对于肖小笑让它发威的请求,一直是有求必应,爽快得不行。可这会儿,三足乌想起上一次发威失败的经历,心里开始犯怵,面露难色:"这个……这个……"

"三足乌陛下,怎么了?"范弥胡问,"难道你又变回了那只只会嘴上逞能的笨鸟了?"

三足乌自尊心极强,哪能听得了这话?它立刻被激得飞了起来。

"呜嘎嘎,谁说本陛下只会嘴上逞能?本陛下这就发威,让你们这群可怜的人开开眼!"

其实三足乌只是嘴硬，心里可没有底。它尝试着积聚宇宙能量，胸中马上燃起了一股气。有戏！三足乌精神大振。看来，上一次的发挥失常只不过是一次偶然。它继续积聚宇宙能量，胸中的那股气不断升腾直至传遍全身，仿佛身上的每个细胞都燃烧起来，耀眼金光从羽翼间迸发出来。

"呜嘎嘎——呜嘎嘎——呜嘎嘎——"

三足乌大叫三声，进入了金乌状态。

"成功了！"肖小笑、范弥胡和田田一起欢呼。

它飞到巨石上，用翅尖轻轻一点，巨石轰然落下，恰好堵在山洞口。

"太好了，我们把时空蛊尤抓住啦！"三个少年欢呼起来。

小小考古学家

负重的大象与骡子

文物位置：莫高窟第103窟

文物时代：唐代

文物介绍：壁画描绘了一支西域队伍经过长途跋涉来到山清水秀的五台山，开展贸易与文化交流。

　　专家的考古猜想：他们用大象、骡子载着各种货物，造型以写实为基础，真实反映了丝绸之路上多彩的商贸文化交流活动。

　　肖小笑的考古猜想：敦煌壁画太有趣了，不仅可以看到中国古代社会发展演变的真实风貌，还可以见到古代陆上丝绸之路的生动场景，不过大家如果到了沙漠要怎么解决饮水问题呢？

　　我的考古猜想：_____

_____

秘境亥时　万国博览会

秘境子时
（23:00—1:00）

榆林窟的奇遇

活捉了时空蚩尤,秘境探险队都振奋极了,他们用最快的速度来到山洞口。田田发现巨石和山洞之间还留有一条狭窄的缝隙,仅一人之宽。她担心时空蚩尤会从缝隙里逃出来,就招呼范弥胡一起推动巨石,彻底把洞口封死,让时空蚩尤永远都出不来。

肖小笑越想越生气,时空蚩尤三番两次地变换成和尚来骗他,让他吃了不少苦头,可不能便宜了他!不行,我得好好教训教训他!

这倒是个好主意,一提到教训时空蚩尤,范弥胡只觉得似乎有一股能量从肚子直涌向脑袋。他双手扒着缝隙,摆出架势对山洞里的人"展开攻击"。

"这个'豪华悬崖酒店'可是为你量身打造,你多体验几天吧!"

"光吃胡萝卜可不行,我们还为你准备了山洞里的各种蝙蝠、虫子作为大餐!"

"大恶魔!看你从今往后还敢不敢再搞破坏。"

……

范弥胡一边喊,还一边扭头对肖小笑和田田说:"真过瘾!"

肖小笑和田田也都不甘落后,搜肠刮肚想出讽刺的话透过缝隙对着山洞大喊。

也不知过了多久，肖小笑、范弥胡和田田都累得口干舌燥，再也想不出什么新词儿，这才作罢。他们把耳朵贴在缝隙上一听，山洞里静悄悄的，没有什么动静。

"时空蛊尤该不会被我们气昏了吧？"田田说。

"很有可能！"范弥胡说，"要是有人这样说我，我肯定会'原地爆炸'！"

"要不，咱们进去瞧瞧？"肖小笑说。他担心这山洞还有别的出口，要是时空蛊尤逃跑了，他们就白费力气了。

秘境探险队从缝隙处钻进山洞。山洞里并没有多大空间，和尚端坐在正中间。他一边敲着木鱼，一边口中念念有词，竟然一直在念经呢！

"嘀，他倒还真沉得住气！"范弥胡说道。

和尚放下手中的木鱼，双手合十，彬彬有礼地说："善哉善哉，几位施主，我想你们误会了。贫僧不认识你们说的时空蛊尤。我从东土大唐而来，要去西天取经……"

听到和尚这么一说，肖小笑、范弥胡和田田都笑得前仰后合。他们想：时空蛊尤该不会是看《西游记》看得太多，真把自己当成了唐僧吧？范弥胡笑得肚子疼，于是，捧着肚子说："别装了，唐僧是故事里的人物，怎么可能活生生地出现在我们面前？"

田田却说："《西游记》的故事是有历史原型的，在唐

朝时期，真的有一位玄奘法师去印度取经。"

现在，敦煌秘境的历史已经被"加速"到了唐朝，在这里遇到玄奘法师，倒也说得过去。但是，眼前的这个和尚真的是玄奘，还是时空蛊尤变的呢？肖小笑也拿不准了。上过两次当之后，他不敢再轻信于人了。

"呜嘎嘎，你们看！"三足乌抖动着羽毛，它发出的金光照亮了整个山洞。秘境探险队惊讶地发现，这个山洞竟然也像莫高窟那样，四壁绘有壁画。随着一道道耀眼的光芒，那些瑰丽的图案正在岩壁上逐步复原。

"原来不只莫高窟有壁画。"肖小笑感叹道，"但这是在哪里呢？"

范弥胡读取着智能眼镜上的位置坐标："这里是榆林窟，位于距离莫高窟168千米的榆林河谷，我们在河谷一侧的砾石崖壁上。"

一幅壁画引起了秘境探险队的注意：一位年轻的僧人面容丰腴，身披袈裟。他双手合十，面朝前方，神情虔诚。在他的身后还跟着一只猴子和一匹白马。

"这是玄奘、孙悟空和白龙马！"肖小笑叫道。

"不太可能吧？"范弥胡用智能眼镜读取了相关资料，"《西游记》的故事是明朝吴承恩创作的，可这幅壁画恐怕绘制于西夏时期，比《西游记》早了300多年呢！"

"这不奇怪。"田田熟知文史,她点点头说,"在《西游记》问世之前,玄奘西天取经的故事早就在民间流传了。"

肖小笑望向面前的和尚,发现他和壁画上的玄奘长得一模一样。这么说来,他真的是玄奘,而不是时空蛊尤变来的?不过,肖小笑被骗过好几次了,这回他可不敢掉以轻心,于是反复打量眼前这个和尚,还不时向他提出问题。

"这么说来,你是奉唐太宗李世民之命,前往西天取经的?"

"这是民间传说,但事实并非如此。贫僧出发时,并没有得到皇上的批准。那时长安遇到了大灾,我是乔装打扮混在灾民中逃出了长安城。"

田田点点头,知道这段史实的人并不多。而在十九年后,当玄奘返回长安时,受到了唐太宗李世民的隆重召见。

"既然你是玄奘法师,为什么不好好去西天取经,跑到这榆林窟里来干什么?"

"贫僧……"

和尚刚要开始解释,只听范弥胡嚷嚷了起来:"嘿,肖小笑,这壁画上不光有玄奘法师,还有你呢!"

"什么?这壁画上还有我?"肖小笑赶忙认真观察起壁画来。一个人物脸上原本鲜艳的色彩正在褪去,一个白色的轮廓逐渐显露出来,越来越清晰。这个图案由一个竖和两个点组成，刚好构成了一个"小"字——和肖小笑的个人标志一模一样。范弥胡说的"壁画上有肖小笑"，说的就是这个标志。

不光是这一个人物，壁画上许多人物的脸上都出现了"小"字的轮廓。

看到这个情形，一直不急不躁的玄奘却焦急地走到壁画前，心疼地说："阿弥陀佛，大事不好，壁画感染了变色瘟疫！"

"变色瘟疫？"秘境探险队异口同声道。

玄奘解释起来："在敦煌秘境中，有一种叫变色瘟疫的可怕病毒。它潜藏在沙漠深处，会随着沙暴侵入秘境的每个角落。莫高窟和榆林窟的壁画非常脆弱，一旦被感染，就会逐渐变色、褪色，最终完全消失……"

肖小笑明白"变色瘟疫"是怎么一回事了。沙漠地区气候干燥，风蚀和沙尘又非常严重。年长日久，原本鲜艳的壁画就会不断褪色，直至消失。而在敦煌秘境中，变色瘟疫会使这种情况更加严重。

壁画中人物脸上的那些"小"字，正是壁画褪色造成的。敦煌壁画是用矿物颜料直接绘制的，画工通过晕染的方法来表现人物面部的凹凸感，加上一些颜料易于变色。随着时间的推移，壁画上的人物只剩下了一张黑灰色的脸，两

只白眼珠和一个白鼻梁则显得十分突出，恰似一个"小"字。

壁画不仅在褪色，还在开裂、起翘和脱落。和尚看在眼里，急在心里。于是，他一手拎起一个盛着透明液体的小桶，一手拿着一柄小刷子，小心翼翼地用蘸了液体的刷子在壁画上刷着。

"贫僧已经取得真经回来了。路过敦煌，特地驻足停留，就是为了保护这些珍贵的壁画。"

三足乌飞到小桶旁，伸出爪子蘸了蘸，又用鼻子闻了闻，说："呜嘎嘎，这是明胶。"

"在我们生活的世界中，考古专家也是用明胶来修复、保护壁画的。"田田说。

现在，肖小笑一点儿也不怀疑玄奘的身份了。他一定不是时空蚩尤，因为时空蚩尤只会破坏壁画，怎么会那么好心地保护壁画呢？

肖小笑、范弥胡和田田忙活了半天，想要活捉时空蚩尤，没想到却认错了人，还差点儿把大名鼎鼎的玄奘封在了这个山洞里。

玄奘却毫不在意，他全神贯注地给壁画涂抹"保护液"。三个少年大受鼓舞，看见还有多余的刷子，也都加入玄奘的"壁画修护行动"。他们刷完了这个洞窟，又去别的洞窟里刷。榆林窟现存43个洞窟，他们逐一涂刷，忙得不亦乐乎。

终于把所有的洞窟都刷完了，秘境探险队和玄奘一起在峡谷底部休息。玄奘盘坐在一块大岩石上，手中木鱼槌轻巧地敲击，清脆的木鱼声在峡谷里回荡，玄奘开始念起了佛经。

肖小笑、范弥胡和田田一个个都竖着耳朵听着，虽然他们听不懂玄奘究竟念了些什么，但却觉得头脑清净无比。三足乌高傲地在半空中飞翔，它浑身散发的闪闪金光，与漫天的星光交织在一起。

忽然，三足乌从空中飞落下来，落在玄奘的面前，单膝跪地，两只翅膀贴着地面，来了个跪拜大礼。

"尊敬的玄奘陛下，小鸟儿有求于您！"

三足乌的这番举动让肖小笑、范弥胡和田田摸不着头脑，不知道它为什么会对玄奘行如此大礼。玄奘的确是一位得道高僧，可三足乌一向是高高在上、唯我独尊的姿态，从来没对谁说过半句软话。玄奘也是一脸受宠若惊的神情，他停止诵经，放下木鱼槌，站起身来连连施礼。

"玄奘陛下！您刚才念的可是咒语？求您教教我，好让我重新引燃七彩星云灯！"

三足乌大概以为所有有身份的人都称得上"陛下"，于是就有了"玄奘陛下"这样古怪的称呼。

范弥胡嚷嚷了起来："什么？我说瘸腿乌鸦陛下，闹了

半天,你不知道引燃七彩星云灯的咒语呀!"

肖小笑和田田也都盯着三足乌。他们从白天忙到深夜,一直在根据三足乌给出的线索,一步一步复原敦煌壁画,寻找隐藏其中能让七彩星云灯复燃的咒语。可现在三足乌却说它并不知道什么咒语!

"那是我编的!"三足乌一脸愧疚,说出了实情。

原来,三足乌并不知道引燃七彩星云灯的咒语,可它不愿意失去"守护神"的头衔,就谎称咒语藏在壁画中,让秘境探险队不停地推动历史、复原壁画。可咒语始终没有出现,这让三足乌越来越慌。遇到了玄奘之后,三足乌像见到了救星一样。它想:既然玄奘知道变色瘟疫,就一定也知道咒语,何不求助于他呢?

看着三足乌殷切的眼神,玄奘却连连摆手:"施主,贫僧刚才念的只是佛经,并不是什么咒语。不过,贫僧在西域见到过一本关于变色瘟疫的奇异经书,你们说的咒语可能就是记载在经书上的经文。"

"这本经书在哪里?"三足乌呼吸一下子急促起来。

"那贫僧可就不知道了。"玄奘摇摇头。

"藏经洞。"田田的嘴里蹦出三个字。

在莫高窟,有一处非常神秘的洞窟,这就是藏经洞。据说,藏经洞里藏的也不只是佛教经书,还有文书、刺绣、绢画、法器等文物。

话音刚落，其他人还没有来得及反应，一阵古怪的笑声从峭壁上方传来："藏经洞！藏经洞！谢谢你们告诉我这个秘密！哈哈，我终于知道我要找的宝藏在哪里啦！"

是时空蚩尤的声音，他居然就在附近！

秘境探险队立即攀登峭壁，想要追上时空蚩尤。可悬崖陡峭，他们很难迅速爬上崖顶。就在这个时候，随着一道金光冲上天际，三足乌以英勇的身姿贴着峭壁飞了上去。不一会儿，传来了三足乌与时空蚩尤、食铁兽在悬崖顶搏斗的声音。

"三足乌陛下现在可是一只发威的金乌，时空蚩尤跑不了的！"肖小笑说。

然而，当三个少年赶到悬崖顶的时候，却看到了让他们惊恐的一幕。三足乌瘫倒在地，它身上的金光已经消退，羽毛也变成了蓝色。远处，时空蚩尤骑着食铁兽已逃之夭夭，它们的身影逐渐消失在夜幕中。看样子，他是要抢先抵达藏经洞。

"三足乌陛下，您怎么了？"三个少年围着三足乌关切地问。

三足乌却有气无力，浑身颤抖，虚弱得说不出话来，像是生了一场大病。

原来,最近这两次发威时,三足乌明显感觉不如之前那么顺畅了。在积聚宇宙能量的时候,它的身体发虚,能量难以集中起来。第一次遇到狮子时,它临危上阵,准备不足,发威失败。紧接着的一次,它加倍小心,才勉强发威。

然而,凝聚在胸中的宇宙能量并不稳定,形成一股暗流在体内东窜西窜。三足乌从未表现出来,其实背后一直紧咬牙关,勉强坚持着。就在刚刚它跟食铁兽战斗的时候,那股暗流汹涌起来,袭遍全身。于是,三足乌从半空中跌落下来,挣扎了几次都没能重新站起来。

"别管我……阻止时空蚩尤……拯救敦煌……"三足乌发出微弱的声音。

玄奘来到悬崖顶。看到三足乌虚弱不堪的样子后,他大吃一惊,说道:"阿弥陀佛,你可能也感染了变色瘟疫!"

肖小笑没有想到,变色瘟疫不光能让莫高窟的壁画褪色脱落,还会影响其他生物。

玄奘说:"贫僧曾在西域听说过,人或动物一旦感染了变色瘟疫,如果身体强健、心绪平和,倒也不会发作。但如果情绪激动,或者体质虚弱,变色瘟疫就会趁机侵入血液,变出多种颜色。"

肖小笑恍然大悟,怪不得三足乌每一次变身,都会随之变色。原来是变色瘟疫在身体中作祟。

范弥胡却说："这么听起来，变色瘟疫也没什么可怕的，只不过变个色而已。"

"其实不然。"玄奘凑近三足乌，问道，"你已经变过几次色了？"

"应该有九次了。"三足乌有气无力地说。

"不能再变色了。"玄奘面色凝重，"当你第十次变色后，就会彻底耗尽体力，化为……"

"化为什么？"

"乌影。"

三足乌听完这话，也不知是病的还是吓的，两眼一闭，晕了过去。

这时，远方的夜空中黑云滚滚，遮住了星光，又一场沙暴正在敦煌秘境中酝酿。一想到时空蚩尤现在可能已经进入了藏经洞，把经书搜荡一空，肖小笑就焦急不已。看来，拯救敦煌秘境的行动要失败了。

田田却说："我看，时空蚩尤一时半会儿找不到藏经洞。"

"为什么？"肖小笑问。

"这藏经洞开凿于晚唐。宋真宗景德三年，于阗国覆灭，寺庙将一批重要经卷、佛像、幡画藏于原本存放废弃文书的洞窟中。可是现在，敦煌秘境才刚进入唐朝，还差

好多年的历史进程呢！"

希望之光又重新在肖小笑的眼睛里闪烁。

即便如此，秘境探险队还是觉得时间紧迫，必须马上前往莫高窟。

玄奘让白马送几个少年返程。伴随着清脆而急促的马蹄声，肖小笑、范弥胡和田田骑着白马，在夜色笼罩的沙漠上奔驰起来。

小小考古学家

玄奘取经

文物位置： 榆林窟第3窟

文物时代： 西夏

文物介绍： 敦煌壁画现存共6幅玄奘取经图，该壁画是创作年代最早的一幅。

专家的考古猜想： 该壁画比《西游记》的问世早了好几百年，其中还出现了小说中猴子（孙悟空）的形象，说明玄奘取经的故事在民间流传久远。

肖小笑的考古猜想： 画上的孙悟空看起来像是一只刚刚会直立行走的古猿，而古猿是人类祖先。唐僧在取经途中，会不会曾经揭开了人类起源的秘密呢？

我的考古猜想： _____

秘境子时　榆林窟的奇遇

敦煌古城求医记

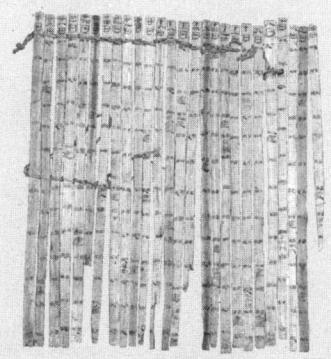

　　白马快如闪电，把三个少年送到一座古旧的城池跟前后，就独自返回寻主人去了。想起玄奘历经千辛万苦，去遥远的地方取经，虽不像《西游记》中描述的那样总是被想吃"唐僧肉"的妖魔鬼怪惦记，但一定也经历了常人难以承受的坎坷。告别玄奘后，三个少年从心底都对他升起一股由衷的敬意。

　　田田一直将虚弱的三足乌抱在怀里。这时，三足乌苏醒了过来，用带有惭愧的语气呜呜地哭诉：

　　"呜嘎嘎，本陛下骗了你们，你们却没有抛弃本陛下，真是令我太感动了，呜呜呜……"

　　"陛下在昏迷中还不忘拯救敦煌的使命，您是当之无愧的敦煌守护神！"肖小笑认真地说。

　　"真的？"三足乌的眼睛闪闪发亮，"想不到，你们对本陛下如此衷心！"

　　他们一起打量着面前的城池。城楼上火光点点，有三三两两的士兵巡逻，他们身穿怪异的服装。范弥胡揉揉眼睛看着眼前的一切，奇怪地问："这……这是在什么地方？万国博览会呢？"

　　田田仔细打量这座城池的建筑，心中有了数。她说："这里是敦煌古城。看来，时间又走了几百年。唐朝从强盛走向衰落，敦煌现在处于吐蕃的统治之下。"

"吐蕃?"肖小笑感到不解。

"吐蕃统治者笃信佛教,此时莫高窟的开凿也进入了一个新的发展阶段。"田田说。

肖小笑心想,要阻止时空蛊尤进入藏经洞,需要组织一支军队据守莫高窟。可是,眼下到哪里去找军队呢?

正一筹莫展之时,一队人马从远方疾驰而来。他们一个个骑着战马,装备精良。打头的那个人身穿铠甲,须发飘飘,看见几个奇装异服的少年还带着一只乌鸦,大喝道:"这里有三个吐蕃人和一只母鸡,快把他们抓起来!"

顿时,秘境探险队员们和三足乌哇哇大叫。

"我们不是吐蕃人!"

"我不是母鸡!呜嘎嘎!"

幸好,对方听完他们的解释,很快就意识到抓错了人。

"你们是敦煌城里的百姓?你们受苦了!"首领说,"敦煌已经被吐蕃统治多年。今晚,我张议潮要把它夺回来,让敦煌重归大唐的怀抱!"

原来这个人叫张议潮,他身披锐甲,目光坚定地望着夜色中的敦煌古城,振臂高呼道:"冲呀!"

顿时,张议潮的军队被点燃了,他们冲向敦煌古城,一场轰轰烈烈的战斗就此打响。

"他们是来收复敦煌的!"肖小笑醒悟过来,"为了让

敦煌秘境的时间顺利向前推进,我们得去帮他们!"

肖小笑看见敦煌古城的城门封锁了,张议潮的军队难以攻进去,不禁感到着急。如果三足乌还可以变为金乌状态,只要稍稍发威,就足以打穿城门。可玄奘已经提醒过它,再次变身会让它化为乌影,所以大家哪里敢再让它发威。

"呜嘎嘎,我华夏星球科技发达,宇宙无敌。区区城门,用不着本陛下发威!"三足乌用两只爪子在他的时空口袋里翻出来一门大炮,它大喊道,"躲开点,让我用等离子炮轰它。"

肖小笑一听,慌忙喊道:"使不得,这一炮下去,别说城门,恐怕整个敦煌古城都要被炸成灰了。"

"呜嘎嘎,言之有理。这等离子炮的威力确实不小!"三足乌说着把等离子炮收回时空口袋,又掏出了一只喷壶,"呜嘎嘎,这喷壶里装着超强魔鬼酸,把它喷在城门上,不到1秒钟城门就会被它腐蚀!"

这可真是个好东西!肖小笑拿着喷壶,冲向城门。这时,城墙上赶来了许多吐蕃士兵,朝下方射箭。肖小笑左躲右闪,一时无法接近城门。

"我来掩护你!"这时,一个威武的声音传来——是张议潮。他纵马奔来,挥舞宝剑,打落了射向肖小笑的一支箭,又举起盾牌,掩护肖小笑接近城门。

"嗖！"张议潮的肩膀上中了一箭，他却连一声都没有吭，依然神色坚毅，将肖小笑护送到了城门下。

肖小笑举起喷壶，对着城门喷了起来。

没想到，被喷过的城门，非但没有被腐蚀，反而把上面原有的裂纹和缝隙都修复了，变得更加坚固了。

眼前的景象让肖小笑瞠目结舌。

"呜嘎嘎，糟糕！"三足乌大叫道，"本陛下一时心急，拿错了喷壶。那里面装着的不是超强魔鬼酸，而是强力加固胶！"

"陛下，您可真英明！"范弥胡讽刺道。

"过奖过奖！"三足乌厚着脸皮说。

越来越多的吐蕃士兵登上城墙，箭像雨点一样射下来，张议潮的军队有些吃不消了。眼瞅着收复敦煌计划就要落败之时，城门发出"嘎吱"一声响，然后被缓缓打开了。原来，城中的百姓听说张议潮的军队来了，有人悄悄从里面打开了城门。

"冲呀！"张议潮振臂一呼，他率领的士兵像潮水一样涌向城门。

在两方激烈的战斗后，张议潮领导的归义军收复了敦煌古城，赶跑了吐蕃军，敦煌又回到了大唐的怀抱。

敦煌古城烽烟散去，又恢复了往日的生气。

"呜嘎嘎,真是热闹极了,本陛下要进城去,好好感受一下这个时期的敦煌!"三足乌抖了抖羽毛,骄傲地说,仿佛收复敦煌全是它的功劳。

肖小笑、范弥胡和田田也刚想进城去瞧瞧,这时,他们看见一个人向他们跑来。

"是莫天天!"肖小笑认出了那个人,他顿时心头一紧。莫天天跑到这里来,难道是时空蚩尤已经抢占了藏经洞,掠走了宝藏?

莫天天笑着跑到秘境探险队的跟前。他咽了咽口水,想要润润嗓子,结果还差点儿被口水呛到,但脸上的笑意还是止不住。

"敦煌的历史已经推进到了晚唐时期。告诉你们一个好消息,莫高窟的许多壁画都复原了!你们猜,刚才我去了哪个洞窟?第156窟!张议潮的后人为了彰显他驱蕃归唐的丰功伟绩,专门为他开凿的功德窟。这个洞窟里还绘制了一幅壁画,名叫《河西节度使张议潮统军出行图》,可威武、可宏大了!"

莫天天绘声绘色地讲着,刚准备描述壁画上的场景,却看见从敦煌古城里走来一支队伍,队伍很长,士兵们个个威武精神,气派极了。

"这和《河西节度使张议潮统军出行图》上的场景一

模一样！"莫天天指着队伍说。

秘境探险队员们的目光锁定了队伍。走在最前面的是威武的军乐队，紧接着是武骑两列、文骑两列，两队文骑之间还有乐舞一组。一匹俊美的白马出现在画面中心位置，白马上坐着一个身穿红袍、腰束革带的人。肖小笑定睛一看：嘀，那人不正是张议潮吗！

范弥胡也认出了张议潮，他大声呼喊："嘿，张议潮！你变得这么气派啦！我都快认不出来了！"

"闭嘴，你怎么这么没礼貌！"田田打断了范弥胡的话，"你知道吗，人家现在有了一个特殊身份。收复众多失地之后，朝廷封张议潮为归义军节度使。"

"节度使？"范弥胡不明白这个官衔有多大。

"唐朝节度使是掌控一地军政、民政、财政的藩镇。因为在受职之时，朝廷赐以旌节作为全权印信，故称节度使。"田田看见范弥胡一脸的迷茫，她索性说，"这么说吧，相当于地方军区司令！"

"司令！"范弥胡总算明白节度使是多大的官了。

张议潮听到了范弥胡的呼喊后，叫停了队伍，翻身下马，满面春风地走来。范弥胡怔怔地望着他，不知道该如何是好，索性来了个立正，又敬了个军礼："参……参见司令员，啊不……节度使！"

张议潮却一脸洒脱,满不在乎地说:"嗐,什么节度使不节度使的,我还是我,只要敦煌的百姓能在大唐的怀抱里安居乐业,就比什么都好!"

张议潮特别感谢秘境探险队在这场战斗中对他的帮助,让他成功收复敦煌。

肖小笑正准备组织一支军队据守莫高窟,以抵抗时空蛊尤入侵。他看到张议潮的归义军如此英勇,当即向他发出请求,把他们的遭遇仔仔细细地讲述了一遍。莫天天也在一旁听着,当听到壁画上并没有藏着咒语的时候,他黯然神伤地喃喃道:"原来,爸爸化为了鸟影……爸爸的身体有痨病,让变色瘟疫趁虚而入。"不过当他听到藏经洞的消息后,又重新振作起来。

张议潮听了肖小笑的计划,没有丝毫犹豫,当即向手下发出命令:"全体将士听令,跟随我前往莫高窟,保卫藏经洞!"

张议潮的军队浩浩荡荡,朝着莫高窟进发。这当中有骑射队伍,还有运送军需的队伍,绵延不绝。秘境探险队员们就这样目送军队前往莫高窟,直到他们消失在黑夜里。

"太好了,有这样一支威武雄壮的军队,藏经洞安全了!"范弥胡开心地说。

肖小笑感慨地说:"有张议潮这样的好官在,真是敦煌之幸！"

"好官可不止张议潮一个呢！"田田说，"在张议潮归义军之后，又出现了一支曹氏归义军管理敦煌。其中有一个叫曹议金的人，他通过联姻等方法，缓解了与回鹘的矛盾，与于阗建立了联系，使敦煌免遭战乱，创造了一个相对稳定的政治环境。"

"曹氏归义军的形象也在莫高窟的壁画里，而且好几个洞窟都有呢！"莫天天说道。

"真的？走，咱们快去莫高窟，一起阻击时空蚩尤！"肖小笑兴奋地说。

然而就在这时，三足乌再一次犯了病，它浑身抖动，气喘不断。看到它这副虚弱的样子，范弥胡和田田又慌了神，他们围在三足乌的身边，不知道该如何是好。思考片刻，肖小笑想到了近在眼前的敦煌古城。

"咱们把三足乌陛下带进城中，看看能不能找到兽医，给三足乌陛下治病！"肖小笑提议。

"本陛下不要兽医……本陛下要御医……"三足乌逞强地说。

田田他们也不管那么多了，抱起三足乌就朝敦煌古城走去。与此同时，莫天天要返回莫高窟，和张议潮他们一起筹备，抵抗时空蚩尤。

敦煌古城里可真热闹,肖小笑看见大街小巷纵横交织,一个个手工作坊和商摊星罗棋布,一片繁华景象。假若按照现代的作息习惯,这深夜时分本应该是大家睡得正香的时候。可古人恪守"日出而作,日落而息"的生活节律,在这黎明拂晓时分,一些勤劳的人已经起床劳动了。

在一个作坊里,两个人正手举长柄大锤,轮番在铁砧上锻打一块烧得通红的铁料,还有一个人正在一个大木箱子跟前忙活着。

"嘿,他们在干什么?"范弥胡好奇地问。

"他们在锻铁。"田田见多识广,她指着大木箱子说,"你们看,这是风箱,用来鼓风的,这样才能让燃料充分燃烧。这种风箱属于双扇木风箱,在这个时代算得上是'高科技产品'了。"

再往前走几步,一股浓郁的酒香扑鼻而来。这里是一个酿酒作坊,两名妇女正在一个烧着的灶前忙活,一个人烧火,另一个人正在查看灶上放着的一套方形的设备。田田指着那套设备说:"那应该是蒸馏器,它的出现标志着酿造技术的提升,这也是一种'高科技'。"

随后,他们又见识了更多的"高科技",有的人在用织布机织布,有的人正驾着犁准备去耕田……田田分析之后,说:"如果我没猜错的话,现在历史又向前发展了——我们可能已经来到了宋代。"

"宋代？"肖小笑不敢相信。因为正是在宋代，海上丝绸之路进入空前繁盛时期。

田田说："海上丝绸之路建立起来之后，陆路贸易就逐渐衰落了。敦煌渐渐失去了交通咽喉和贸易中转站的重要地位。"

"啊，那敦煌该怎么办呢？"范弥胡急了。

田田说："别着急，你们瞧，敦煌不是依然富饶辉煌吗？此时的敦煌虽然贸易减少了，但农牧业、手工业都在繁荣发展着。"

然而，三个少年都没有心思闲逛了。如果在宋代的话，藏经洞已经被开凿出来了，这就意味着，莫高窟随时可能会遭受时空蛊尤的袭击。他们着急寻找医生，打算给三足乌看了病，就立即赶到莫高窟支援张议潮。

哪里有医生呢？肖小笑看见了一个商铺，大大小小的栅栏中圈着各种各样的动物。大的有耕牛、马匹，小的有鸡、鸭、猫、狗。看起来，这是一家"宠物店"呢！

肖小笑走到商贩跟前，礼貌地问道："请问，城里有没有兽医？"

商贩是个帅气的小哥，他彬彬有礼地说道："兽医没听说过，神医倒是有一个！上个月，我这店里的猫咪得了恐鼠症，就是神医给治好的！"

"恐鼠症？"三个少年惊讶不已。

"可不，那猫一见到老鼠，就像是见到老虎！"商贩小哥说，"上上个月，后院池塘里的鱼游泳时呛了水，也是神医让它恢复了呼吸。"

"鱼呛水？"

"还有，上上上个月，我家蟋蟀摔断了腿，也是神医修复断肢；上上上上个月，神医还治好了一只大雁的恐高症；上上上上上个月……"

商贩小哥滔滔不绝地介绍这位神医。

听着听着，肖小笑更加坚定了要带三足乌去拜访这位神通广大的医生。如果神医能治好动物们各种稀奇古怪的病，那一只乌鸦的变色病，肯定也不在话下！

他们赶紧向热心的商贩小哥询问了神医的住址。

"看见那座宝塔没有？神医就住在塔里。"商贩小哥用手一指，一座绿白相间的九层塔映入了肖小笑的眼帘。

三个少年谢过商贩小哥，匆匆赶往九层宝塔。塔的大门轻掩着，露出一条缝。肖小笑觉得不能贸然闯入，就轻轻敲了敲门。几秒之后，里面传出一个有些古怪的声音："谁呀？天还没亮呢！"

听到这个声音，肖小笑、范弥胡和田田都不禁皱了皱

眉。神医的嗓音可真难听,就像粉笔摩擦黑板的声音。

"尊敬的神医,有位病患情况紧急。"肖小笑说道。

"好吧!"神医打了个哈欠,又发出一串含混不清的声音后问,"东西带来了没有?"

"带什么东西?"肖小笑、范弥胡和田田不知道他在说什么。

"难道你们没听说过?本神医看病不收钱财,只收竹子。"神医说,"东南方向有一片竹林,你们去采集吧!记住,竹枝要细嫩的,竹叶要新鲜的!快去快去!"

这可真是一个古怪的要求,但只要能救三足乌,秘境探险队做什么都愿意。他们朝着东南方向眺望,天边泛起鱼肚白,黎明就要来了。那儿果然有一片竹林,翠绿的竹叶在晨曦的照耀下闪着墨绿色的光泽。三个少年虽然一夜没睡,但为了救治三足乌,他们强打精神,朝着竹林走去。

肖小笑、范弥胡和田田费了好大劲儿,终于采集到了竹子。他们扛的扛,抱的抱,费尽周折,将采好的竹子带到九层宝塔。

"快,从门缝里塞进来!"神医声音急促,听到肖小笑他们采来竹子,很是兴奋。

三个少年依言把竹子塞进门缝,然后立在外面等待神医的召唤。然而，门却"咚"地关上了。

门后传来神医的古怪声音："你们先回去，三天以后再来看病。"

小小考古学家

锻铁图

文物位置：榆林窟第3窟

文物时代：西夏

文物介绍：高大的双木扇风箱旁，一人坐操风箱，足穿草鞋；风箱另一侧，两锻铁者皆着短褐襦，正在锻打铁料。

专家的考古猜想：图中的风箱是用来鼓风的，以使燃料充分燃烧，产生较高的温度。风箱上装着两个竖长的活动木板，它们一前一后交替开合，推动空气流动。这在当时是比较先进的鼓风设备。

肖小笑的考古猜想：我仿佛听到"叮当叮当"的锻铁声。有了这么先进的技术，他们就可以制造出先进的兵器和农具啦！

我的考古猜想：＿＿＿＿＿＿＿＿＿＿＿＿＿＿＿＿

藏经洞的秘密

黎明的时光虽然短暂，但秘境探险队员们此刻却觉得十分漫长。他们忙活了大半天，到头来却吃了个"闭门羹"，顿时灰心丧气。范弥胡把嘴一咧，苦笑着说："嘿，又是采竹子又是搬竹子，结果被人家耍了！我看他才不是什么神医，是个江湖骗子还差不多！"

肖小笑却察觉到了异样，他说："我知道神医的身份了。"

"是谁？"范弥胡和田田齐声问。

"时空蚩尤！"

"时空蚩尤？"

"没错，肯定是他。"

时空蚩尤虽然平时作恶多端，却非常疼爱他的坐骑食铁兽。食铁兽最爱吃竹子，时空蚩尤就想尽办法为它找竹子吃。所以这位看病不收钱，只收新鲜竹子的"神医"很有可能是时空蚩尤。肖小笑把自己的推测告诉两个同伴，范弥胡和田田都觉得肖小笑的推测有道理，他们早就应该有所察觉。可他们着急为三足乌求医问诊，又觉得时空蚩尤应该在袭击莫高窟的路上，才放松了警惕。

肖小笑冲两个同伴眨了三下眼睛，这是秘境探险队发动突然袭击的暗号。肖小笑用唇语说了"一、二、三"后，三个人一起撞开大门，冲进宝塔。

眼前的景象却让他们呆住了——宝塔里不见时空蚩尤的身影，地上满是竹枝、竹叶，一只硕大的红皮猪正瘫在竹子堆里，尽情地享用"美餐"。

"这里是个猪圈，没有时空蚩尤！"范弥胡捂着鼻子说，"咱们还是离开吧！"

肖小笑却笑道："世界上哪有吃竹子的猪，你再仔细瞧瞧！"

范弥胡和田田仔细一瞧，不禁乐了。正在啃竹子的可不就是食铁兽？只不过，它变了颜色，毛发都成了红色，搭配它那胖胖的身躯，乍一看还以为是红皮猪呢！肖小笑说："原来食铁兽也感染了变色瘟疫！"

秘境探险队曾经见到过食铁兽变成棕色，现在它又变成红色，说明它至少经历过两次变色。但它的状况明显比三足乌好得多，胃口不减，专心地啃着竹子，对三个少年的闯入毫无察觉。忽然，它那红色的毛发里有东西在蠕动，蹦出来一个皮肤黝黑，头上长着黑毛的小人儿，正是时空蚩尤！

三个少年知道时空蚩尤诡计多端，都摆出防御姿态，警惕地盯着他。

时空蚩尤却毫无战意，他看了一眼田田怀中抱着的三足乌，摆摆手说："不打了不打了，你们发现了没有？这个

秘境可真邪乎！你们的三足乌陛下现在变成了蓝毛鸡，我的宝贝食铁兽变成了红皮猪，它们都感染了变色瘟疫！咱们还是赶紧离开这鬼地方吧！"

时空蚩尤来到各个秘境，向来都是不搜刮到宝藏不罢休，这次竟然要主动逃跑，看来他的确被变色瘟疫吓住了。肖小笑终于明白他为什么迟迟没有进入藏经洞，而是躲在这里冒充神医。时空蚩尤要想离开敦煌秘境，就需要食铁兽制造时空洞；要制造时空洞，就得让食铁兽多吃竹子，积攒能量。

时空蚩尤抓起一把竹叶，掰开食铁兽的嘴，使劲儿塞进去，又用手指捅了捅。食铁兽吃得肚皮滚圆，再也咽不下去，连打了几个饱嗝，把竹叶喷得到处都是。吃饱喝足的食铁兽摇晃着肥胖的身躯站了起来，龇牙咧嘴，露出一副凶相，撕咬起了空气。转瞬间，空气中出现了一团银光闪闪的漩涡，这就是时空洞。

时空蚩尤跳到食铁兽的身上，钻进它的红毛里。食铁兽迈动四肢，眼看就要钻进时空洞。肖小笑顿感不妙，喊道："不能离开，你们会把变色瘟疫带到别的时空去的！"

如果变色瘟疫进入了其他时空，那会造成多大的危害！变色的变色，沙化的沙化，乌影的乌影，甚至整个宇宙都可能会逐渐凋零！然而，时空蚩尤才不管这些，他只想赶紧离开敦煌秘境。

就在食铁兽准备迈入时空洞的一瞬间，三个少年宛如三支利箭，同时猛扑过去，要把它拦住。看到这一幕，时空蚩尤的嘴角露出狡诈的笑容。说时迟，那时快，他指挥食铁兽往旁边一闪。肖小笑、范弥胡、田田毫无防备，三个人跟着一起掉进了时空洞。光影闪烁，洞口随即在他们背后消失了。他们没想到，这竟是时空蚩尤设下的"陷阱"。

"咚咚咚——"

三个人掉落在一座沙丘上，他们相互搀扶着站起来。虽然到了天亮时分，四周却昏暗一片，今天是个阴天，铅云密布天空，笼罩着大地。沙漠褪去了金灿灿的光彩，整个世界只剩下了无穷无尽的灰色。

"这是在哪里？"

"我们回家了吗？"

"可恶的时空蚩尤！"

他们打量着四周的环境，发现有些眼熟，又觉得陌生。

"伙计们，这里依然是敦煌秘境。"肖小笑指着沙丘下方的一块沙地说，"你们看，那里是月牙泉！"

月牙泉却已经不是他们所熟悉的样子了。它完全枯竭，没有一滴水的痕迹，成了一个巨大的月牙形沙坑。之前岸上的那些绿树，也全都蒙上了一层沙尘，东倒西歪，看样子已经枯死。用不了多久，它们也会被沙尘掩埋。

肖小笑说："看来，时空蚩尤把我们送到这里，是要我们跟敦煌秘境同归于尽。而他自己另造了一个时空洞，逃到别处去了！"

话音未落，一阵猛烈的风沙迎面而来。三个少年没站稳，脚下一软，顺着沙坡滚了下去。

肖小笑觉得天旋地转，自己似乎翻滚在没有尽头的沙坡上。等到终于停下来的时候，他们发现自己已经身处莫高窟。这里和月牙泉一样，一片破败之景，肖小笑顿感难过。

这时，他们面前出现了一个人。他穿着道袍、脚穿十方鞋，手持拂尘，应该是一个道士。

"你们好，我是在莫高窟修行的道士。"道士说，"历经了元代和明代，敦煌逐渐没落，已经很少有人来了。"

肖小笑触景生情，回想敦煌往昔繁盛之景，心中低落极了。他问："现在是什么朝代？"

"现在是清朝。"道士看出了肖小笑的失落，"我要向你们展示一个新发现。我相信，我的新发现一定可以让莫高窟轰动世界，再次辉煌起来的！"

"新发现？"肖小笑问。

这时，莫高窟的一个洞窟里传出了熟悉的声音："嗨，我的老朋友们，快到这里来！"

是莫天天，他还留在莫高窟！

肖小笑、范弥胡和田田脚步急促，跟着道士一起奔向传来声音的洞窟。尽管敦煌已经又"快进"了好几百年，他们却感觉和莫天天并没有分别很久。

"请从这边走。"道士为他们带路，他手里的拂尘不知什么时候变成了一个小锤，一边走，一边在岩壁上轻轻敲打，还示意少年们仔细听。

"咚咚咚——"

"听出来什么没有？"道士笑眯眯地问。

肖小笑摇摇头。

道士又换了一个地方，继续敲起来。

"咚咚咚——"

"咚咚咚——"

"咣咣咣——"

肖小笑的耳朵一下子就竖了起来，这块岩壁发出的声音显然跟其他地方的不一样。

"这块岩壁是空心的！"田田叫道。

范弥胡立刻启动了智能眼镜的透视功能，一番操作之后，他有了惊喜的发现："岩壁背后有一个巨大的洞窟！"

"据我和道士先生的推测，这里应该就是藏经洞了！"莫天天从洞窟的角落里走了过来，喜悦溢于言表。

原来,上次分别以后,莫天天回到了莫高窟。在张议潮部署军队防守莫高窟时,他到处寻找藏经洞。可他找遍了所有洞窟,都没有发现那个传说中的藏经洞。不知不觉中,历史又向前推进了好几百年,莫高窟里已不见张议潮和士兵们的踪影,只有这位道士。二人便结伴寻找藏经洞,无意之中,他们发现了这面"与众不同"的岩壁。

一直精神不振的三足乌此刻却睁开眼睛,兴奋地叫了起来:"呜嘎嘎,真是功夫不负有心人,终于找到藏经洞啦!"

"你们闪开,让我来!"莫天天举起一块硕大的岩石,他后退几步,猛地朝岩壁砸去。大家还没来得及阻止,一阵烟雾腾起,一个洞口赫然出现在大家面前。这个洞口刚好可容一人猫腰通行。

肖小笑、范弥胡和田田打开探险服上的探照灯,钻进了洞窟。

这是一个神秘的洞窟,洞窟里弥漫着陈旧的气味,尽管尘封已久,里面的陈设却还是井然有序。一本本书籍码放得整整齐齐,一卷卷画轴堆叠得错落有致,一尊尊塑像庄严典雅地伫立。田田的眼睛瞪大了一圈又一圈,她知道这里的每一件文物都是无价的文化瑰宝。

田田早就听说过,在莫高窟里有一个藏经洞,里面藏着各种各样的珍贵文物,共计5万余件,它的丰富内涵和宝贵价值长期鲜为人知。清朝晚期，藏经洞被一个道士意外发现，立即轰动了世界。然而，一些外国人闻风而来，采用骗买、掠夺的手段把大量文物都带到了国外。

想到这段可悲可叹的历史，田田义愤填膺地说："我们赶紧找到印有咒语的经书，然后就把洞口封上吧！"

肖小笑也同意田田的说法。藏经洞已经打开，如果被时空蛊尤知道了，一定会来抢宝藏的。到那时，藏经洞可就岌岌可危了。

在一个佛龛前，肖小笑看到了一卷经书，封面上画着七彩星云灯的图案，还有一个大大的"咒"字。

"我想这也许就是记载着咒语的经书！"肖小笑说。

几个少年带着经书离开了藏经洞。道士则自愿留下，负责把打开的洞口重新堵上。

莫天天捧着经书，带着秘境探险队员们来到了外面。他们把经书摆放在一处石台上，又把七彩星云灯放在经书的旁边。

"三足乌陛下，请您诵读咒语，重新引燃七彩星云灯吧！"

所有人的目光都注视着三足乌。

本来已经虚弱不堪的三足乌，此时似乎又恢复了精神。它从田田的怀里跳出来，站在那卷经书之上，轻轻啄了几

下。经书竟然自己摊开了，上面记录着许多古怪的符号。这些符号肖小笑一个也不认识，他不禁为三足乌捏了把汗。谁知三足乌却神气十足地昂起头来，摇头晃脑地开始诵读。

"呜嘎嘎……呜嘎嘎……呜嘎嘎……"

然而，佛龛上的那盏七彩星云灯始终没有被点燃。

肖小笑、范弥胡和田田你看看我，我看看你，都在思考是哪里出了问题。

"难道我们找错了，引燃七彩星云灯的咒语记录在别的经书上？"

"会不会在诵读经书的时候，还需要举行什么特别的仪式？比如让范弥胡拿个大顶？"

"我看哪，一定是瘸腿乌鸦陛下不认识字，念错了咒语吧！"

莫天天也百思不得其解，口中喃喃地说："没错呀，在传说里，只要三足金乌诵读咒语，就可以引燃七彩星云灯。会是哪里出了错呢？"

"什么？"肖小笑脑海里一个激灵，追问道。

"只要三足金乌诵读咒语，就可以引燃七彩星云灯。"莫天天又说了一遍。

肖小笑的眼前仿佛一道电光划过，他找到原因了。

"在传说里，念咒的必须是三足金乌。"肖小笑在"金"

字上加了重音。

范弥胡和田田都不禁"哎呀"了一声。他们心里都清楚，三足乌已经不能再发威变身，进入金乌状态了。否则，它会化为乌影，像莫天天的爸爸那样永远消失。

三足乌一听引燃七彩星云灯竟然需要它以生命为代价，它的身体不禁向后缩了缩。然后又瞪着眼望向它面前的每个人，仿佛在说："呜嘎嘎，让本陛下献出高贵生命，只为点燃一盏破灯？想都别想！"

就在这时，莫天天发出一声惊叫，手指向远方。肖小笑顺着莫天天指的方向望去，看见远方的沙漠上腾起巨大的黑色烟柱，正朝着莫高窟移动过来。

"龙卷风！"肖小笑脸色惨淡。

"没错，这是时空龙卷风！"空气中传来时空蚩尤的声音，"感谢你们帮我找到了藏经洞，我要把那些宝藏全都带走，带到九黎星球去，哈哈！"

时空龙卷风已经近在眼前了。

"我们快逃走吧！"肖小笑喊道。

然而，莫天天却立在原地，一动不动。

"莫高窟就是我的家，我永远不会离开我的家，我要保卫莫高窟，直到最后一刻！"

时空龙卷风气势汹汹，到处飞沙走石。天空像是一个

巨大的黑色漩涡,仿佛会把整个世界全部吞噬。

三足乌本来蜷缩着身体,看到迎面而来的龙卷风眼睛里忽然闪出一道坚毅的光,又重新扬起了头。

"呜嘎嘎,你们这些傻孩子,让本陛下说你们什么好呢!你们以为牺牲了自己,就保得住莫高窟吗?瞧本陛下的——"

三足乌唰地张开翅膀,每一片羽毛都颤抖不止。它努力积聚宇宙能量,进入了金乌状态,发出万丈金光。

"呜嘎嘎——呜嘎嘎——呜嘎嘎——"

三足乌的声音里有兴奋激动,有伤痛苦楚,还有大义凛然,但唯独没有胆怯和懦弱。

它朝着时空龙卷风飞去。那架势,就像是一名视死如归的勇士在挑战一头凶恶残暴的怪兽。

它那金色的身影一飞进时空龙卷风里,龙卷风就迸发出金色的辉光和银色的闪电。金光和银电所代表的两股力量在搏斗着,天地间传来震耳欲聋的雷鸣声。

"三足乌陛下加油,一定要平安归来!"肖小笑、范弥胡和田田齐声喊道。

这场搏斗持续了好久,时空龙卷风似乎被激怒了,不断壮大,转眼就将金光完全吞没了。

"三足乌陛下被时空龙卷风吞没了……"三个少年呆

住了。

风暴越来越猛，发出震耳欲聋的声响。就在这电闪雷鸣间，肖小笑仿佛看到有数不清的仙女舞动在天际，她们环绕着龙卷风，向漩涡里输入能量。

"飞天仙女！"肖小笑大声喊道。

时空龙卷风里传出三足乌气若游丝的声音："呜嘎嘎……这点小风暴……还想吓住本陛下……本陛下是尊贵无比……威力无边的乌王陛下……本陛下要真正……爆……发……啦……"

随后，三足乌又吐出了一大串听不懂的话，在空中回荡着。

"三足乌陛下在念咒语！"肖小笑明白了。

再看七彩星云灯，它被重新点亮了，发出熠熠光彩。那灯光刚开始很微弱，似乎随时都会被熄灭。可一瞬间，灯火宛如被泼了油一般，熊熊燃烧起来。七彩的光芒扩散开来，向着远方辐射而去。光芒刚一碰触到时空龙卷风，就把它撕扯得粉碎。

过了许久，天地间恢复了宁静，蔚蓝的天空像是被水洗了一样，一朵朵彩霞在天空悠然散步。飞舞的飞天仙女一点一点变得透明，最终消失了。

"胜利了！"肖小笑、范弥胡、田田、莫天天一起欢呼起来。

肖小笑瞪大眼睛，仰望着清澈无比的天空，用目光到处搜寻着。范弥胡、田田和莫天天也都四处张望着。然而，他们始终没有看到三足乌的身影。

"三足乌陛下真的化为了乌影！"

肖小笑、范弥胡和田田垂下头，一起为三足乌默哀。

战斗虽然胜利了，他们却高兴不起来。在和莫天天道别后，肖小笑并拢食指和中指，在空中画出一个时空圈。他和两个伙伴一起走进时空圈，准备返回他们生活的世界。

城市里一片繁华，道路上车水马龙，两旁的树上有许多鸟儿正在嬉戏。

"你们说，三足乌陛下还能回来吗？"田田带着哭腔问道。

肖小笑点点头，又摇摇头，他也说不上来。

一只黑色的乌鸦蹦跳在前面的草地上，嘎嘎地叫着。肖小笑心中一震，刚走上前两步，那只乌鸦惊得腾空而起，扑棱着翅膀飞走了。

"不管三足乌陛下还能不能回来，它永远是我们心中英明的鸟王陛下！"肖小笑说。

此时此刻，在敦煌秘境里，莫天天小心翼翼地端起七彩星云灯，让光映照着莫高窟壁画的每一寸。

"等你长大以后,就需要独自修复洞窟了。这是我们家族的使命,记住了吗?"

莫天天的眼眶湿润了,耳畔回荡着爸爸曾经说过的话。最终,他走进了一个洞窟——爸爸曾带着他一起修复的最后一个洞窟。

莫天天奋力举起七彩星云灯,仔仔细细地用它照耀每一寸岩壁,光芒所及的壁画无不重新恢复了色彩。最终,灯光停留在一个红色的圆圈前。

圆圈里,一只黑色的大乌鸦被七彩星云灯的光芒照到后,陡然发出了金色的光彩。

"呜嘎嘎。"

小小考古学家

藏经洞

文物位置： 莫高窟第17窟

文物时代： 晚唐

文物介绍： 该窟建于唐大中五年至咸通三年间，是晚唐河西释门都僧统洪辩的影堂。洞窟平面近于方形，覆斗形顶。此窟被发现时，内藏大量莫高窟诸寺经书文献，故此又被称为"藏经洞"。

　　专家的考古猜想： 根据目前不完全统计，藏经洞出土了从十六国到北宋近六个世纪的各类文物5万余件，藏经洞出土文献内容丰富且精细，补足了传统官修史书大人物历史观的缺憾。

　　肖小笑的考古猜想： 藏经洞说不定是古人的"时间胶囊"。古人把他们对未来的幻想写成文字、绘成图画，封在藏经洞里，等着未来有人打开，去验证他们的猜想。

　　我的考古猜想： _____
_____

秘境寅时　藏经洞的秘密

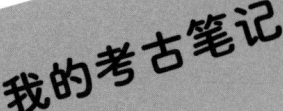

我的考古笔记

图书在版编目（CIP）数据

敦煌：莫高窟奇幻之旅 / 潘亮著. —福州：福建科学技术出版社，2024.5
（24小时华夏秘境探险）
ISBN 978-7-5335-7246-4

Ⅰ.①敦… Ⅱ.①潘… Ⅲ.①敦煌石窟–少儿读物 Ⅳ.①K879.21-49

中国国家版本馆CIP数据核字（2024）第064203号

出 版 人　郭　武
责任编辑　李国渊
编辑助理　吴洁琼
装帧设计　吴　可
责任校对　林峰光　蔡雪梅

敦煌：莫高窟奇幻之旅
24小时华夏秘境探险

著　　者	潘　亮	
出版发行	福建科学技术出版社	
社　　址	福州市东水路76号（邮编350001）	
网　　址	www.fjstp.com	
经　　销	福建新华发行（集团）有限责任公司	
印　　刷	福建新华联合印务集团有限公司	
开　　本	890毫米×1240毫米　1/32	
印　　张	5.5	
字　　数	87千字	
版　　次	2024年5月第1版	
印　　次	2024年5月第1次印刷	
书　　号	ISBN 978-7-5335-7246-4	
定　　价	28.00元	

书中如有印装质量问题，可直接向本社调换。
版权所有，翻印必究。